醉文明

马未都 著

收藏马未都

8

中信出版集团 · 北京

目　录

千乘戎车商周马

在人类豢养的动物中，马是非常重要的一种。马在文明史上的作用，不仅是简单的使役，更重要的是作为战争机器来使用，战争是推进人类文明最有效的手段之一，当人类形成不平衡状态的时候，一般会通过战争来解决。所以，马作为战争机器在历史上非常重要。人类使用马的历史十分久远，而且不分民族，世界各国各民族都有使用马的记载。从古至今，马不仅在战争中立下汗马功劳，平时也是人类的好朋友。

这是一件青铜器。青铜器大部分都是容器，有青铜的簋、鬲（lì）、爵、觚等，这些都是容器。青铜马具并不太多，只在博物馆中会有。

战国　青铜马具车軎车辖
高 7 厘米　观复博物馆藏

这件青铜器有个专业的名字，叫“軎”（wèi），用于固定车轱辘，使车轱辘能够转动，同时又起到美观的作用。固定完毕后，在车軎上插一个销子，称为“辖”，“辖”字在今天很常用，人们经常说的“管辖”，此外还有“辖区”和“直辖市”，就是从这个意义延伸的。《说文》中称“辖”为“键”，就是关键的意思，因此日常生活中所说的关键的“键”，和“辖”有很大关系。軎和辖组成一套青铜器，称为軎辖。

辖有很多种，这件辖有饕餮纹，还有人形辖。车辖具有管辖的作用，销子插上去后，车轱辘就不容易脱落，也能够转动，防止空转。直到今天，很多车轱辘依旧符合这一原理，需要“辖”来固定、管制。

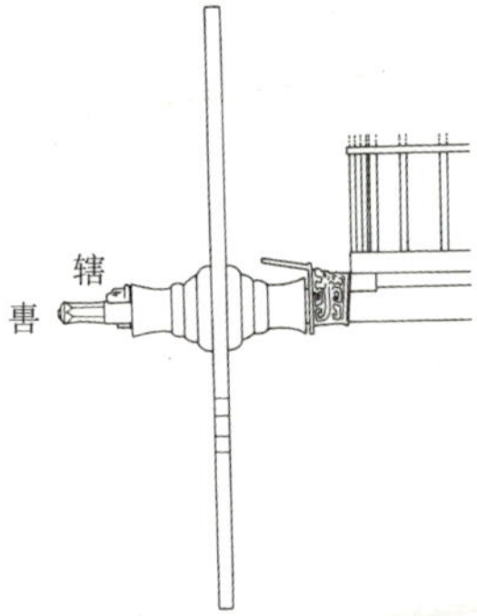

车軎车辖简要示意图

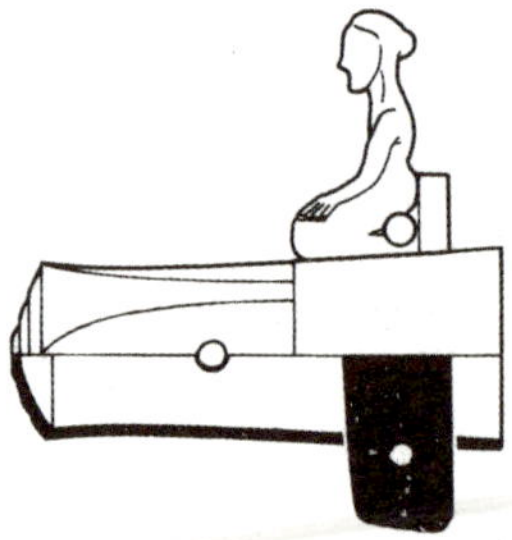

人形辖示意图

西周中期　人形车饰
高 12.8 厘米　陕西省宝鸡市博物馆藏

战国　青铜马具銮铃
长 18 厘米　观复博物馆藏

这是一件青铜器，是商周时期马车上最常见的品种，叫銮铃。它的声音非常好听，能够引起行人的注意，同时也为自己壮威。

銮铃是商周时期马车中，尤其是礼仪用马车中的必备马具。銮铃被放在镳、轭和衡上，通常在一条横杆上，竖立着二、四、六、八个数量不等的銮铃。

銮铃放置的位置和形态都很多，马走路时身体震动，銮铃摇晃发出来的声音就非常好听。古代的声音都是自然的，与今天的电子音有很大不同，马车发出的铃声，不仅悦耳，对人们来说，还是一种声音信号，告知人们马车来了，需要躲避。

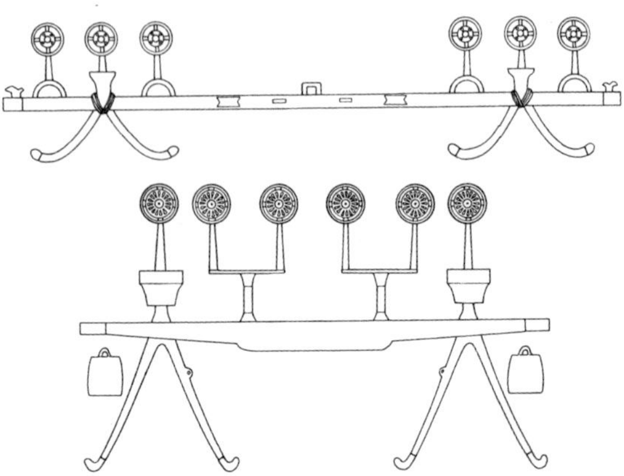

车銮和铃示意图

銮铃在马车中的广泛使用，也体现在早期的文学中，如《诗经·大雅·韩奕》中有诗句，“百两彭彭，八鸾锵锵”。“鸾”通“銮”。八銮是最高等级的车，有八个铃铛，这些车的銮铃同时发出“锵锵”的声音，一百辆八銮“彭彭”地向前走，场面十分壮观。通过这些文学作品，可以想象中华民族几千年前的生活状态。古人的每一个生活状态，对今天来说都是文明和文化的一部分。

1. 人类豢养马的历史有多久？

马未都评：人类为了生存，豢养了很多动物。在人类的文明的进程当中，豢养动物是人类文明前进的标志，不同时期会豢养不同的动物，豢养的方式也不同。

在人类饲养动物的历史上，马是被人类饲养得最晚的动物，距今大约有 4 000 年的历史。

人类最早饲养的动物是狗，这是与人的生活相关的。最早的人类以游猎为生，并非定居，在打猎的时候需要帮手，为人类提供信息。在人类睡觉的时候，如果有其他动物逼近，狗就会发出叫声。在人捕捉动物的时候，狗会帮助人类。在现代，猎犬依旧是犬类中的一个重要门类，所以人类豢养狗的历史，在所有动物里是最久远的，通常认为大概有 16 000~30 000 年的历史。然后是禽类，比如鸡。在六畜里面没有鸭子和鹅这些水禽，早期的禽类都是旱禽，也就是鸡。人类饲养猪的历史也比较早，这是为了获取食物。河姆渡文化中的一些文物上，有人饲养猪的有力证据。

在人类豢养所有动物的历史中，马是最晚的，马基本上是作为工具，应用于战争、运输、交通 、农业中。在犁地方面，马的力量不如牛，虽然马行进的速度很快，但犁地需要用力，行动快是没有意义的。牛的行动很慢，但是挽力非常大，适合犁地。因此在农村，马犁地通常不如牛犁地。人类更多地将马用于战争，马在战争中立下汗马功劳，因此人类各民族很少有养马吃的。也正因如此，马是六畜之首，六畜的排列顺序是马、牛、羊、鸡、犬、豕，豕就是猪。南宋王应麟的《三字经》中记载，“马牛羊，鸡犬豕，此六畜，人所饲”，《左传》中也是这么排列的。

直到20世纪70年代，这个顺序才有所更改。当时为了提高百姓的生存质量，提倡养猪，猪就由最后一名跃居第一，顺序变成了“猪牛羊马鸡犬”，马变成了第4名，而猪牛羊都是能吃的，可以提供大量的肉食。但这段历史并不长，到了80年代，这个口号就消失了，今天的六畜依然是马牛羊鸡犬豕。

这是汉代的灰陶马，很神气，是四川的马。

汉代　灰陶马

东汉　陶吠犬
故宫博物院藏

东汉　陶母子羊
故宫博物院藏

东汉　陶猪
故宫博物院藏

汉代　绿釉猪圈
故宫博物院藏

这是陶犬，它是一只吠犬，正在吠叫。通常人们倾向于塑造静态的动物形象，但是这只狗是动态的，它的身姿可以显示这种状态，尾巴翘起，嘴巴张开，正在吠叫，非常生动。

这是母子羊，汉代开始饲养很多羊，汉墓中也出土了很多。

这是一只猪，但其形象与现代猪的形象有一些区别。这头猪的嘴很长，保留了野猪的形态，野猪的力量都集中在头上。与家猪相比，野猪是头重脚轻的，它的肩胛骨很大，头部尺寸也很大，非常有力量。而家猪正相反，因为人类要吃猪的后鞧，所以家猪的屁股比较大，让人类有肉可吃。野猪的屁股很瘦削，这是为了减少奔跑中的后坠力。

这是一个陶猪圈，汉代的出土文物中，陶猪圈非常多。

2. 历史上，骑兵和马战车哪个最先出现？

马未都评：人类文明是在不文明中行进的，人类期望进入一个文明的社会，但是这个路途中的所有现象，都是不文明的现象，不文明让人类多了一分思考。其中，不文明现象首推战争，马在人类战争的进程中起了不可或缺的作用。

西汉　彩绘骑兵俑

东汉　车马俑群

历史上，马战车出现得比骑兵早很多，这与人类文明行进的关系非常密切。不仅是中国人，古希腊、古埃及、古罗马，同样都使用马战车。骑马打仗需要装备。

早期骑马有一个专业术语，叫“骣（chǎn）骑”，也就是马没有鞍子，也没有其他装备，人直接骑马。中国早期，尤其在商周时期，作战基本上以战车为主。马战车至少在中国战争史上驰骋了一千年，只是因为各种马具的出现，才出现骑兵。

这是东汉时期的骑兵，是与马踏飞燕一起出土的青铜马群，其后都是马车。

在人类战争史上，马战车出现得最早，早在商周时期就有马战车出现了，这时候的马，不是双马就是四马，中国战车的马不会出现单数，都是成双成对的，古罗马是有单马的。

在马战车作战中，人们遵循着战争规律。驾驶马战车的人称为御手，交战时不允许攻击御手。在远距离时，位于车左的弓箭手“多射”进行远程攻击，当两军交锋时，双方御手分别驾驭战马向左拐，不允许横冲直撞，于是两军就形成两个弧度，位于战车右边的战士称为“戎右”，两军的戎右在弧度形成时相互搏斗。这就是古代战争中的规律，犹如体育竞技，有公认的规则，不允许破坏。

古代战争中，太阳落山后就收兵了，不会去骚扰对方驻地。两军得到很好的休息，第二日再战。西方的一些战争影片也反映了这些规则。这些规矩很多都限于当时的兵器和装备，因为彼此都相差不多。这些战争规矩，从商周时起，到春秋战国，一直被遵循着。

3. 在古代“乘”的意思是兵车，那么一乘配几匹马？

马未都评：商周时期，马主要是作为战争机器使用的，马战车是战争的主力。骑兵比马战车晚 1 000 年出现。

秦代　彩绘铜马车

乘是一个量词概念，一乘就是四匹马，这与古代的军制有很大关系。现代的军队依旧沿袭古代的编制，在古代，一个军是4 000人，而到今天，“军”字的下面还是一个“车”字，指的就是马战车。一乘四匹马，古语有“驷马难追”，就是从这里来的。

在《诗经 · 秦风 · 小戎》中，有“四牡孔阜，六辔在手”，四牡，就是四匹马，古代的牡是公马，牝马是母马；“孔阜”中，“阜”字是高大之意，“孔阜”也是高大，就是四匹高大的公马；辔是缰绳，“六辔在手”是用六辔驾驭四匹马。一匹马理论上用两辔，也就是两根缰绳。四匹马中，位于中央的两匹马叫服马，位于两边的马叫骖马，在操纵马匹转弯时，要用指令，因此服马身上左右各有一根缰绳，服马有四根缰绳。骖马与服马共用一根缰绳，因此四匹马共有六根缰绳，称为“六辔在手”。

在古代战争中，出动多少马战车，是战争中很重要的一点，有点类似于现代战争出动了多少坦克一样。历史上著名的战役中，如晋楚“城濮之战”，晋国出动了700乘战车，共有2 800匹马，非常壮观。

此外，还有齐鲁“一鼓作气，再二衰，三而竭”的“长勺之战”，当时齐国与鲁国之间的战争，各自所出动的战车，都是千乘以上，千乘就是4 000匹马，加上对应的战士，是一种难以想象的大规模古代战争。

古玩门诊

古玩一

明万历　白釉罐

这是一个素罐，没有纹饰，它带有边款，款识写在瓷器边沿上。这种边款的器物大多尺度较大，但也不绝对。

瓷器在入窑前，翻转时容易坏掉，如果制作很大的罐子，在没入火的时候并不硬，容易碎，因此就将款识写在口沿上，或写在器身上。

这种素罐一般情况下分为两类。一种追求素色，也就是白釉，如明代的瓷罐，写着“内府”二字，就是白釉的，目前在日本大阪市立博物馆中。此外还有一种可能，它是个“半活”，也就是半成品。原本想画成彩瓷，结果没画完，只留素胎，下面的留待以后再画。但也有这种情况，烧制 200 件瓷器，成品有 150 件，其中 120 件过关了就足够了，其他的 30 件没必要再画，成了“半活”，被丢在一边。

从这个白釉罐的器型特征和胎质特征看，它特别像一个“半活”，而非追求素色，它的胎质也很粗糙，很有可能是因为瑕疵太多，而被弃用，不再画彩。

古代不合格的瓷器并不是全部被毁掉的，非御用品以及皇帝行宫中的物品都不会被毁掉。皇帝使用的陈设瓷数量很少，大量后宫用品的制作要求都不太严格。《清档》中，有关于这方面的记载，烧造不合格的，有的被闲置，有的送到后宫使用，这些都是“半活”。

古玩二

战国　蜻蜓眼琉璃珠一组

这是一组蜻蜓眼琉璃珠，它特别像蜻蜓的眼睛，于是被称为“蜻蜓眼”。它们的分量较轻，颜色漂亮。

蜻蜓眼的历史至少有3 500年了，人类有了财富意识后，就非常喜欢随身佩戴器物，如手链和项链等，很有财产感，至少四五千年前的人类就开始有这种感受了。人类最早发现和使用这种眼类的饰品，是在西亚、伊朗高原和埃及。在今天的西亚地区，比如土耳其，依旧能够看到满街都在贩卖这种眼类制品，叫作“幸运眼”，寓意幸运。

人类认为，眼睛在所有感官中是非常重要的，所以盲人的痛苦是超出一般人想象的。视觉对人类的生存有极大的帮助，在现代社会，盲人可以依靠社会保障生存下去，而在几千年前甚至上万年前，人类需要靠眼睛去打猎，因此人们对于眼睛的关注，通常多于其他器官。在这种情况下，人们发现玛瑙有时候会形成一个天然的圆形，人们认为这是眼睛，于是开始玛瑙崇拜，也导致了玻璃的出现。人类使用玻璃的历史有四千年了。玻璃在低温下就可以熔化，到达四五百度可以变成玻璃水，于是，人们仿照自然的眼，制作了所谓的蜻蜓眼。

这组蜻蜓眼琉璃珠距今约有 2 500 年，大概在战国到西汉时期。文物中的蜻蜓眼相对较多，颜色也很丰富，有紫色、蓝色等。蜻蜓眼琉璃珠在古代就是一个装饰，是财富的体现。珠形的蜻蜓眼一般会有穿孔，便于佩戴和携带，成为其主人除了审美以外的财产象征。

这组蜻蜓眼做工很好，但不算最精致的。理论上来讲，蜻蜓眼越大，所属时间越偏后，通常战国到汉代的蜻蜓眼，直径大约 1~2 厘米，比较小的，年份都偏早，这是它的由小到大的一种趋势，但也并非绝对。

近几年来，由于首饰热再度兴起，人们又开始佩戴蜻蜓眼。但蜻蜓眼年份久远，质地疏松，很容易碎裂，因此通常只适合戴一粒，以防相互碰撞。

气逾霄汉秦汉马

秦汉两朝都是中国历史上统一的强盛王朝，谈到秦朝的马，人们首先想到的是秦始皇兵马俑。出土的秦汉时期文物很多，秦兵马俑是国之重宝。

马战车时代到了秦汉时期进入了尾声，另一支部队——骑兵——逐渐壮大起来。秦汉时期，中国进入了强盛时期，是集权式的王朝，这与以前的封建分封是有一定区别的，在这种历史大背景下，作为战争中的主要的工具，以及最强有力的武器，马及其相关的一切都发生了变化。秦汉时期马的造型都非常有个性，具有艺术感，这是源于当时人对生活的感悟和创造。

这是一个青铜马镳，成语“分道扬镳”中的“镳”，指的就是马镳。马镳的中间一块是放在马嘴中的，俗称“马嚼子”，专业术语称“衔”，用来操控马匹。当人拉住缰绳时，马镳在马嘴中就会产生压力，马嘴的

战国　马镳
长 21.6 厘米

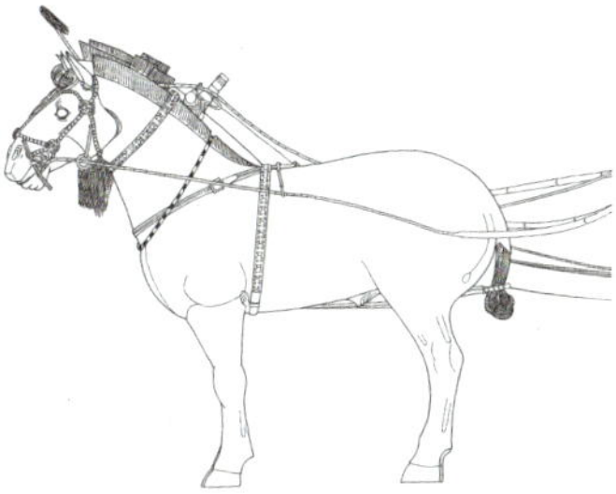

马饰示意图

清乾隆　剔红雕漆牡丹纹马鞍 如意图螭纹皮鞍鞯
辔头 鎏金铜錾梅花纹马镫
香港苏富比

战国　青铜错银车马饰衡末
高 7.7 厘米　观复博物馆藏

部位非常敏感，为了避免马产生不适感，就要使用适当的马嚼子，以减轻马的痛苦。

这是早期的马镳的形态，共有三节，后世的马嚼子大部分是两节。这个马镳是战国时期的，上面的孔是穿皮绳的部位。皮绳就是缰绳，也称“辔”，在《木兰辞》中，有“东市买骏马，西市买鞍鞯，南市买辔头，北市买长鞭”，所谓的辔头，是一整套马具，有马衔，以及马脸上的装备和缰绳。

这个器物叫“衡末”，“衡末”这个词在今天生活中不再使用，而“衡”字还在用，就是平衡。在古代的车上，有一个非常重要的御马部件，叫“衡”。衡是两匹马中间的杠杆，其中类似欧米茄（Ω）符号的东西叫“軛”，它架在马的肩胛骨上，用来控制马。衡最上面的两个凸起是装饰品，作为堵头使用，在战国到汉代非常流行，叫衡末，也就是末梢。

这两件衡末应该属于战国到汉代，更接近汉代，如此精美的错银衡末，只是当时车上的一个部件而已，可以想见当时整辆车的豪华。它不是马战车上的，马战车不需要奢华；它是礼仪马车上的。从商代到秦汉1 000多年的时间里，马车演化成主要是为了战争，其次是为了生活。在日常生活中，古代贵族妇女也要坐车，唐代以后，才逐渐演化成骑马。

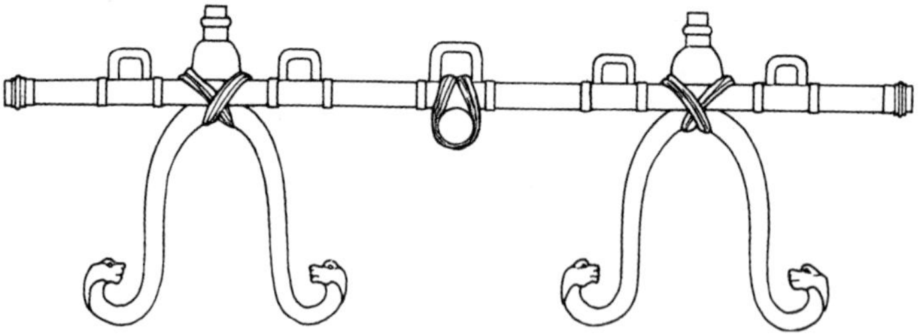

西汉　衡与衡末

观复学堂

1. 中国三大名马是哪三种?

马未都评：中国人善于归纳，把很多中国的名胜古迹都归纳起来，比如四大名山、四大名泉等，归纳后就形成了定式。中国古代的马也有这样的归纳。中国历史上有三大名马，分别是内蒙古三河马、新疆伊犁马、青海河曲马。

内蒙古三河马是所有马种里最吃苦耐劳的，虽然个头不大，但耐力十足，长途奔袭不减速度。三河马马尾柔顺飘逸。新疆的伊犁马非常漂亮，与天山的美景十分相配，敏捷善跳跃，没有赘

伊犁马

河曲马

三河马

肉，但在残酷的环境中，新疆马不如内蒙古马。河曲马产于青海省，在黄河第一个拐弯处，它兼有新疆马和内蒙古马的长处，机体十分健壮，鼻梁比较直，体型粗壮，非常有力量，在很长的历史时期都作为中国军马的主要品种。

中国人比较熟悉的汗血宝马，严格意义上讲不是中国马，是西域的品种，也称为大宛马。

经过西汉初期的文景之治，到汉武帝的时候，国家再度扩张，国内养了很多马，汉武帝想要大宛马，也就是汗血宝马。当时第一仗打得非常残酷，出征的时候 30 万匹马，回来的时候就剩 3 万匹，损失 90%，因此汉代对马的饲养和使用，在管理上是非常严格的，政策上则非常宽松，马不许出境，悉心饲养马驹，鼓励百姓养马，为国家不断地提供资源，这体现了汉朝时候马的重要性。

2. 秦始皇陵墓目前出土的铜车马是几匹马拉车？

马未都评：秦始皇陵墓目前出土的铜车马是四匹马拉一辆车，当时出土了两套铜车马，但不是秦始皇的座驾。秦始皇的马车使用六匹马，也就是常说的“天子驾六”，皇帝出行，一定是六匹马，诸侯驾五，卿驾四，大夫驾三，士驾二，庶人驾一，从六到一。

秦代　陕西临潼秦始皇陵发掘现场中的铜车马

秦代　铜马（局部）
秦始皇陵铜车马陪葬坑出土

秦代　铜车马一号车
秦始皇陵

秦代　铜车马二号车
秦始皇陵

铜车马出土的时候全部都被压碎了，这是修复以后的铜车马，今天在秦始皇兵马俑博物馆展出。这些秦朝的文物，向现代人传达着那个时代的信息，给人强烈的感受。如果没有这些文物，人们只能凭借想象力去构想那个时代。秦始皇陵的这套铜车马十分有气势，而且很漂亮，由此可见 2 000 多年前中国古代贵族出行的奢华气度。

秦代　车左俑
秦始皇陵二号坑出土

秦代　骑兵陶俑
高 180 厘米　秦始皇陵二号俑坑出土

秦代　骑兵牵马陶俑
秦始皇陵二号俑坑出土

秦代统一六国后，统一了很多制度，其中就有“书同文，车同轨”。现代的道路一般都是凸起来的，而在古代，道路没有硬化，车轮碾过后会有车辙，逐渐形成沟状的轨道，马车在上面行走十分顺畅，但战国时期，各国的车辆轴距不同，车辙宽窄不一。因此秦统一六国后，下令“书同文，车同轨”，交通系统统一，废除六国文字，将信息系统沟通，同时也统一了度量衡。

3. 东汉青铜马踏飞燕中的马用哪只马蹄踩的飞鸟？

马未都评：马踏飞燕是用右后蹄踏住飞燕的。马踏飞燕是中国的国之重宝，成为中国旅游业的标志。这匹马的造型极富想象力，有天马行空的感觉，马踏飞燕对于马的塑造可以说是登峰造极，古人让一匹奔马踩在一只飞鸟上，将一个抽象的概念——速度，通过静态的雕塑表现出来。

看到铜奔马时，大部分人会忽略一个特征，这匹马是呈对侧步的，也就是右边的两个蹄子，前后蹄同时跨出，左蹄拖后，跨左蹄的时候，

东汉　马踏飞燕
长 45 厘米　甘肃省博物馆藏

是左前蹄和左后蹄同时迈出，按照通俗的说法叫“顺拐”。

一般的马都是迈左前蹄的时候，右后蹄会跟上，这是一种错位的行进，而马踏飞燕的铜马是顺边的，这种状况只会出现在今天的盛装舞步中，要求马顺边行进，这是经过训练的。一般的马马蹄来回交替，身体拧曲，坐在上面的人会感觉很颠簸。

这种马坐起来非常舒服，它就是汉代马的真实写照。汉朝的人非常重视养马，不管是出于战争，还是生活需要，马都有很重要的作用。汉代的文献有所记载，现代也出土了很多汉代的骑兵俑，这也受到了战国时期胡服骑射的影响。

春秋时期汉族人的礼仪非常繁缛，着装是宽衣大袖，对于骑马来说

战国　举头青铜马
高 18 厘米　河北邯郸赵王陵出土

战国　觅食青铜马
高 15 厘米　河北邯郸赵王陵出土

战国　伫立青铜马
高 15 厘米　河北邯郸赵王陵出土

西汉　鎏金青铜马
高 62 厘米　陕西茂陵从葬坑出土

是障碍。战国时期，赵武灵王从少数民族的服装中得到启发，发现宽袍大袖打起仗来非常不方便，因此采用了胡服。胡服虽然比今天的服装麻烦，但比宽袍大袖方便很多，衣服的腿是分开的，穿靴子，在骑马中比汉族人的软鞋便利很多，因此赵武灵王不顾礼制，力排众议，改为胡服骑射，使骑兵迅速发展起来。但在当时的平原作战，骑兵是不占便宜的，马车行进更安全。单独骑马虽然快，但是很多马具还没有发明，没有马鞍、马镫，在马身上是无法打仗的，要翻身下马进行战斗，马不参加战斗。

东汉　铜车马仪仗队
甘肃省博物馆藏

汉代　马踏匈奴石雕
长 190 厘米

古玩门诊

古玩一

清光绪　粉彩暗春图碗

这是一个粉彩碗，碗心画了两只在进行交配的蟋蟀，蟋蟀的姿势是面对面。按照常识来讲，昆虫的交配称为交尾，是无法面对面的，一般是尾巴相对，而这个碗的画者没有见过交尾，因而是拟人化的状态。

碗的背面是粉色的。这种颜色称为胭脂红，也叫胭脂水，在康熙后期到雍正乾隆时期非常流行，当时凡是胭脂水的瓷器，色彩都非常均匀，颜色也比较显眼，而这件瓷器的色彩并不均匀，颜色粉中泛灰，不够亮丽。

从此碗的画法上看，碗的边缘有突兀的几笔，这在当时很常见，在雍正时期很精致的瓷器上，烧制过程中出现瑕疵，就会在上面盖一点彩，遮住瑕疵。从此碗的画片布局上看，它有明显的雍正时期的风格，留白较多，画的内容很紧凑，但画工不佳，缺乏生活常识，不够好看，所绘的花卉比例关系也不好，色彩较淡。

此碗是一件粉彩碗，是光绪年间仿造雍正乾隆风格的瓷器，做工不够精细。它的内容带一点暗春，是古代生殖文化的一种委婉的表达方式，通常绘画昆虫的交配，以及猫狗之间的调情，来表示一种潜在的春意。

古玩二

这是一个乾隆时期的料彩碗，绘画的地方略有凸起，画面清晰，内容是菊花。碗的底款是“大清乾隆年制”，使用的是料彩工艺，料彩受珐琅彩的影响，蓝料彩堆积较高，立体感很好。蓝料彩在雍正时期十分流行，在乾隆时期稍逊。这件料彩碗在蓝料彩中添加绿色，绘画成枝蔓，菊花就生动起来。

碗上有一首诗：“一枝霜后艳，九日东篱菊。三秋□□□，朱山环翠亭。”其中有三个字认不清。这首诗与菊花有关，朱山就是景德镇，诗与菊花相得益彰。

这只瓷碗是当时一个非常讲究的人批量制作的，碗的质量非常高，绘画风格十分娴熟，即使烧自民窑，也是很不错的，可以与官窑媲美，甚至超越官窑，虽然不是唐英督制的，但其制作的工艺也相当精湛。

清乾隆　料彩菊花碗

兵戎铁骑晋唐马

晋唐时期，人们对马的情感更加深厚了，在这一时期，马作为战争机器有了质的改变。从以马战车为主的时代进入骑兵为主的时代。1000多年以来，马战车一直是战争的主体，在晋唐时期，马战车退出了历史舞台。骑兵由于高桥马鞍和马镫的出现，杀伤力大增，骑兵成为战争的主力出现在历史舞台上。

唐代诗人杜甫曾经在诗中写道："胡马大宛名，锋棱瘦骨成，……骁腾有如此，万里可横行。"唐代人对骏马的喜爱，既是对力量的崇拜，也是一种精神寄托。

在中华文明中，马主要是作为战争的机器，从马战车到骑兵时代，骑兵又由轻甲到重甲，战争技术在不断发展。马在唐代依然是最重要的国家战争机器和百姓的动力，比如出行。从绘画中可以看到，唐代开始有贵妇骑马出行了，还有打马球的游戏，生活变得非常丰富。

宋徽宗摹本 《虢国夫人游春图》
长 51.8 厘米　宽 148 厘米
辽宁省博物馆藏

在汉以前，中国人认为骑马出行是一种粗俗野蛮的做法，因为当时的马具不够完备。随着在三国两晋南北朝这一历史时期的发展，马具逐渐完善，骑马已变成一种时尚的行为了，所以唐代有很多贵妇骑马出行，如《虢国夫人游春图》中所展现的画面，由此图可以看出当时唐代妇女骑马的风姿。汉代都是武人骑马，出土的都是雕塑。这些改观不仅是观念上的改观，也是科技的改观，文化的改观，服饰的改观。

这是一个唐代小香薰，它的足部呈马蹄形，是用来放香的，足部做成马足，显示了对马文化的认可。通常香炉做成兽足有两类，一类是狮子，汉唐时期，西域进贡了狮子，中国人对这种外来动物非常感兴趣，所以很多器物塑造成狮足。另外一类是马足，马是人们生活中常见的动物，当时，无论是在军事还是民用中，马都是主要的机器。

中国古代没有现代化的工业机器，马是生活中最重要的动力，所以被中国的民族文化认可，移植到这件香薰之上。因此在香薰上，常见马足和狮足，其他的并不多见，因为不被崇尚，这反映了唐代马文化的一个小侧面。

唐代　铜镂空三叶草纹三足炉
高 12 厘米　观复博物馆藏

唐代　白玉雕卧马
长 5 厘米　观复博物馆藏

这件香薰展现了马文化的另一面，使人们看到唐代马文化的宏大背景，唐代人对马文化的喜爱程度非常高。

这件香薰上的钮是能够活动的，香炉腿也是用铆钉铆上去的，虽然是一个小薰炉，却由六部分组成，它的盖子、身子、三个足和上面的钮都是单独铸造的，十分精细。欣赏历史文物时，应该多注意这些细节。

这是一件唐代的白玉马，它的造型与常见的马雕塑有点不同。唐代塑造马的时候流行塑造马的颔首状，而明清以后的马经常是回头状。这件玉雕是天地穿孔的，与后来俗称手把件的穿孔不太一样，通常拴绳的方式都在两侧。这匹玉马身上还有马镫和缰绳，很细致。

1. 中国骑兵什么时候开始退出历史舞台？

马未都评：从晋唐开始，由于高桥马鞍和马镫的出现，使人上身的力量释放出来，可以在马上直接战斗，所以骑兵变得尤为重要。

中国的骑兵至少从汉代开始出现，一直延续，从未间断，直到近代，1985 年，中国骑兵正式退出历史舞台。中国的骑兵曾经达到过 10 万人，这是指新中国的骑兵，而历史上的骑兵甚至能够达到几十万，因为骑兵曾经是主力部队。

中国的骑兵最早在汉代出现时，是作为侦察部队使用的，不参加战役，利用其行进速度快的优点，到敌方去侦察，然后再尽快回来。因为不需要打仗，这时候的马都使用轻甲，非常松软。

西晋以后出现了高桥马鞍。秦始皇兵马俑的马鞍是平的，只是一种鞍鞯，防止骑乘者因摩擦而痛苦。高桥马鞍的前后都翘起来，控制了人在马的行进当中急停和加速的时候身体的俯仰；马镫的出现，控制了人的左右摇摆，防止人摔落马下。

高桥马鞍和马镫的同时出现让战争变得非常残酷，人可以直接在马上搏杀，而马也多了一身防护，防止主人厮杀时，马匹被砍伤。给马穿上盔甲，就成了重甲马，人和马都得到了良好的防护，但也出现了新问题——重甲影响马的行动。因此到了魏晋南北朝以后，又逐渐改重甲为轻甲，把重甲卸掉变成轻甲马。由轻甲到重甲，由重甲到轻甲的过程，是一个战争的发展过程。

秦代　配鞍陶马
高 172 厘米　秦始皇陵二号俑坑出土

辽代　马镫

北周　骑马俑
高 17.5 厘米　宁夏固原县博物馆藏

2. 古代军事战争中，重甲马的军事负重有多重？

马未都评：重甲马在历史上的使用时间不是很长，大约有300年的历史，这是因为它具有局限性。在古代战争中，重甲马的军事负重一般有60千克。军事负重指的是骑士的武器及其他器物，重甲马也叫甲骑具装，甲骑指的是人，具装指的是马，也就是人铠和马铠。

重甲的整套盔甲大约是60千克，这个60千克是有实物的。辽宁北票出土了一套马具，马的铠甲和人的铠甲是一整套的，因为是铁的，锈蚀严重，残存的称重大约有50千克。此外，这套马具中，还有一些衬布和皮革，加一起总计有60千克，相当于一个人的重量，这样一来，等于马身上负重两人，这与负重一人的马比起来，显然行动不便。

因此，在南北朝时期，也就是重甲马时代，马变得越来越不灵活，因为负重太重，马虽然有力量，一般体重都在300~400千克之间，但要负重100多千克，对于马来说体力消耗严重，所以重甲马在战争中的优势，就不是很明显。

汉代　铠甲马与骑兵
徐州博物馆藏

图一是北朝早期墓葬出土的重甲马，有马鞍、马镫、铠甲，而古文中常见的铁骑和轻骑两个词，铁骑指的是带有铠甲的马，轻骑是脱掉铠甲的马。

图二是伊斯兰地区波斯的细密画，画上都是带铠甲的马，这种铠甲比较有柔性，加入一些棉制品和皮制品，相对来说，给了马一个简单的保护。早期完全使用铁甲的马，负重是一个大问题。

北朝早期　黄褐釉陶铠甲马
高 46 厘米　咸阳市考古研究所藏

伊拉克 公元前 3 世纪~前 2 世纪
浮雕骑兵与马画像砖
宽 19 厘米　大英博物馆藏

| 一 | 二 |
| 三 | 四 |

清代　康熙明黄缎绣平金龙云纹大阅甲
故宫博物院藏

清乾隆　乾隆皇帝大阅甲胄
故宫博物院藏

3. 唐太宗的六骏一共中了多少箭?

马未都评：重甲马最大优点是防御功能特别好，不容易受伤，可以持续战斗，缺点是分量太重，行动不便，在战斗中不够灵活。到了隋唐时候，重甲马就不见了，又回归于轻甲马。

轻甲马中最著名的就是唐太宗的昭陵六骏，这六匹骏马没有盔甲，身上负过伤。昭陵六骏一共中了20箭，负伤很多，为唐太宗立下了汗马功劳，所以唐太宗死了以后把这6匹战马雕在他的陵墓上。

据统计，昭陵六骏中有四骏负过伤，特勒骠和白蹄乌没有负过伤，青骓身中5箭，什伐赤身中5箭，飒露紫身中1箭，拳毛䯄身中9箭。由此可见，唐太宗的戎马生涯风险很大，连战马都中过20箭。《昭陵六骏图》中对昭陵六骏还有赞语，如特勒骠的赞语是“应策腾空，承声半汉。天险摧敌，乘危济难”。

这六骏其中有两骏的雕刻，在民国时期被中国文物贩子贩卖到美国去了，今天在美国的费城宾夕法尼亚大学的博物馆中，余下四骏在陕西的碑林博物馆。

由此可见，一个帝王能够打下江山，非常不容易。唐太宗的战马中，有中亚的、西亚的，也有蒙古马。唐代很多的诗歌当中，也有对马的描写，诗中提到的胡马，并非是这些马的品种，因为大部分的马是从西域引进的，汉人站在自己的角度上讲，凡是汉人以外区域都称胡地，比如说“胡马依北风，越鸟巢南枝”，说的都是西域的马。中国历史上所有的军用马，都在不停地选良，不停地改造。

在广袤的国土上，马的作用十分重要，它既是交通运输的工具，又是必不可少的军事装备，在对外征战中，战马的优劣是决定战争胜负的一个重要因素，汉朝政府为此专门设立了管理和饲养马匹的马政，颁布了禁止偷盗、屠宰马匹和禁止优良种马外流等一系列规定。政府在大力发展养马业的同时，还积极鼓励民间养马。古代好的战马是先进的武器，所以汉代拥有良马的数量，成为人们身份和地位的象征。

昭陵六骏之“飒露紫”

昭陵六骏之“拳毛䯄”

昭陵六骏之“白蹄乌”

昭陵六骏之“特勒骠”

昭陵六骏之“青骓”

昭陵六骏之“什伐赤”

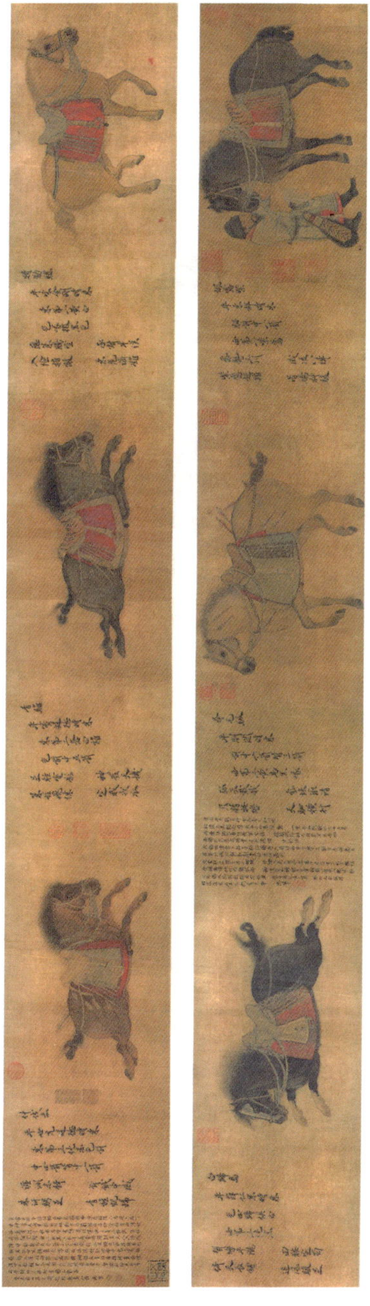

金代　赵霖　《昭陵六骏图》

长 27.4 厘米　宽 444.9 厘米　故宫博物院藏

古玩门诊

古玩一

清嘉庆　青花鱼篮盘

这是一个有提手的盘子，严格说中国人认为盘子不会有提手，一般的盘子都比较浅，能够端起来，这个盘子是仿鱼形的。盘子中间画着一幅山水，内容十分有趣，有几个人，还有小舟，远山近水。盘子上还写了12个字，“二人闲暇无事，但看浅水行舟”，写的是田园风光，比较有诗情画意。

这种篮子形的盘子，通常在生活中可以见到，但篮子一般都是藤筐，而它的把手追求藤编的效果，在中国历史上非常少见。这种风格在欧洲很多见，故此盘很可能是海外归来的文物。它的底款是“嘉庆年制”，年号写得非常清晰，它的画片与青花的颜色以及写字的方式，与嘉庆年间的风格十分吻合，因此可以判断，它是19世纪的中国工匠为西方人烧制的瓷器，其式样是西方人的定制，而这种鱼形的盘子，在欧洲也不是一般家庭的实用物，而是一种日常摆设，也可能用来放水果，它并不是特别实用，在中国人看来，很有新鲜感。

古玩二

汉代 青铜蒜头瓶

这是一个青铜的蒜头瓶，因为口部很像倒扣的大蒜瓶。蒜头瓶的造型是汉代开始出现的，流传到今天的康雍乾三朝以及此前的明代永宣时期的器物，大量的造型都是有依据的，在历史上有类似的造型，比如蒜头瓶，清朝从雍正到乾隆年间非常愿意烧造这种器形，是在追慕西汉。

这件蒜头瓶器身上有很多小补丁，因为铸造瓶子时候，有大量的砂眼和气孔，在当时的青铜器修补中，这是一个简单得不能再简单的技术。故宫博物院的太和殿和广场上到处有的铜缸，每一个铜缸上都有补丁，而且补丁非常多，这就是因为铸造出来的时候有很多砂眼，工匠重新补一下，然后再锉平。

这件青铜蒜头瓶是汉代的，在当时是一个非常普及的造型，十分流行，但是从青铜器的角度上讲，比较单一，器身上都是光素的，没有纹饰，只在颈部做了一个弦纹，在口上有一点点变化，因此，在过去收藏青铜器的人眼中，这东西价值不大，没有纹饰就没有意义，不太受重视。虽然如此，它距今也有2000年的历史了，对于一般的百姓来说，是很重要的收藏品。

分庭抗礼辽宋马

在古代，马作为农业生产、交通运输和军事等方面的主力，不仅与人们的生活息息相关，甚至决定着一个国家的国力。

辽代是马背上的游牧民族所建立的朝代。宋朝，特别是南宋，可以说是偏安一隅。辽宋军实力上的差距方面，马是很重要的一点。

辽宋时期与唐朝有一个明显的不同，这是在中国的近古史上一个对峙的时期，北宋、辽、西夏，南宋、金、西夏，形成了后三国时代。在这对峙的局面中，宋朝不占优势，因为宋是农耕民族，骑马作战能力远远低于游牧民族，在游牧民族中，骑马作战能力首推辽朝，其次是金朝，

辽代　北方窑口黑釉鸡腿瓶
高 45.5 厘米　观复博物馆藏

然后是西夏，他们从小便在马背上长大，汉族人与之存在差距。在近古时代，北宋与辽，南宋与金的对峙中，宋朝一直不占优势，因此不断地退缩，用物资来换取和平。

下左图是一个辽代特有的鸡腿瓶，比较瘦高，不太稳，容易倾倒，一般是用绳子拴住后，插在马车或马匹后面的皮套里的。它上面的棱纹是防滑的，以防在马匹行进时颠出来。

这种鸡腿瓶主要出现在辽金时期，西夏出现得最多，汉民族却不使用。鸡腿瓶这个名字并不是辽代人自拟的，而是汉民族起的名字，因为形状比较像鸡腿。因为有游牧文化，才会有这种器皿。鸡腿瓶代表了辽朝这些马背上民族马文化的特征，是辽代马文化的物证。

这种器皿最早是金属的，金属成本比瓷器高很多，不是每个人都用得起的，因此这个黑釉鸡腿瓶只是当时一般百姓使用的，所以比较粗糙，而富人使用的都是银制或铜制的，非常昂贵，一般人用不起。

辽代　褐釉铭文鸡腿瓶
高 16 厘米

金代　黑釉鸡腿瓶
高 36 厘米　吉林省博物院藏

辽代　铜鎏金镶白玛瑙马镫
高 13 厘米　观复博物馆藏

这是一个金属框架嵌玛瑙的马镫，这对马镫是礼仪马所用，而非战马。在马镫上镶嵌玛瑙，非常华丽，分量很重。通过这个马镫，可以看出辽代马具的辉煌。

过去人们觉得辽朝文化比较落后，从近些年出土的大量文物尤其是马具来看，辽朝是一个文化非常发达的朝代。中国是一个多民族的大国，这仰仗于历史上多民族共生共荣的局面，虽然有些民族间有些摩擦，但在这些摩擦过程中，不同的民族也在相互学习，汉族也向其他民族如契丹学习了很多好的东西。辽国最早立国的时称为契丹，契丹这个词汇，至今在国际上依然非常有影响，比如俄语称中国就是Китай，就是契丹的发音。历史已经过去千年，千年前民族间有很多争斗，有很多仇恨，现在早已烟消云散，剩下的都是一些历史的证物，今天人们希望通过这些历史的证物，还原历史的本来面貌，从历史中得到一些启示。

1. 辽和宋，谁最先建国？

马未都评：宋辽之间的战争一直持续不断，虽然签了澶渊之盟，但是两国之间的关系还是非常微妙，打打和和。

辽国建国比宋朝早 53 年，辽国于公元 907 年建国，国号契丹，到 916 年开始有年号，后来定国号为辽，一共有 10 个皇帝，享国 218 年，辽国在公元 1125 年被金人灭掉，北宋在两年后被金国赶到南方，这就是宋室南渡。

北宋时期疆域图

后三国时代中，辽国的疆域面积非常大，超过北宋，中间有个西夏。当时北京属于燕云十六州，是辽国的领地，因此北京的重要文物，超过 1 000 年的，差不多都是辽国的。

辽代　北京天宁寺塔

天宁寺山门上的匾额

北京大觉寺及佛塔

上图是北京的天宁寺塔，共有 13 层，梁思成先生勘定是由辽代建筑的，造型精美。从这座塔可以了解辽代的文化建设。

下图是北京西郊的大觉寺，也是辽代初建的，通常寺院都是坐北朝南的，但大觉寺是坐西朝东的，符合辽代人崇尚日出的方向，以及崇尚东方的文化心理。

宋真宗皇帝像

澶渊之盟对宋朝的影响非常大，公元 1004 年，也就是景德元年，宋真宗亲自率兵与辽国交战，辽国当时建国已近百年，宋朝 960 年开始建国，只有 40 多年。两军在河南境内交战，此时双方心中都有一些惧怕，宋朝惧怕辽国的兵力，辽国人是马背上的民族，骑马能力远远高于汉族人，所以汉族人在战争中永远吃亏。

在这种情况下，真宗有点害怕，签了澶渊之盟。澶渊之盟的好处是，在后来的 100 年里，辽宋之间相安无事，坏处是每年宋国要送给辽国 10 万两白银作为岁币，另外再送 20 万匹绢，以此来换取和平。

岁币与岁贡是有区别的，宋辽之间签的澶渊之盟中，合约上写的是宋输送岁币 10 万两白银给辽，而非岁贡。岁贡是君臣关系，岁币是兄弟关系，宋用岁币来避免战争。

辽代　北方窑口黑釉皮囊壶
高 25 厘米　观复博物馆藏

这是一个皮囊壶，是典型的辽代文物，也称为马镫壶，它的形状十分像马镫。皮囊壶是游牧民族使用的器皿，用来装水或者装酒，从造型上讲，皮囊壶是受皮囊的启发。皮囊是由几块皮子缝制起来的，所以早期的皮囊壶，隐约还能看见所缝的针脚。

辽代　褐釉猴形盖钮鸡冠壶
北京市文物研究所藏

辽代　黄釉鸡冠壶
高 34 厘米　内蒙古自治区文物考古研究所藏

辽代　绿釉鸡冠壶
高 26.5 厘米　观复博物馆藏

这是鸡冠壶，也是皮囊壶的一种，上面的隆起像一个鸡冠子，也是典型的辽代器物。

这些水器或酒器，都体现了少数民族游牧的特点——便于行动时携带，这也让人们看到了少数民族对马背文化的理解。

2. 马的视角有多少度？

马未都评：马的视角大约有330度，人的视角一般情况下是120度，在不扭头、不回头的状态下，只能看到眼前120度范围内的东西。人的眼睛有一个特征，两眼重叠的角度非常大，因此看世界基本是一个大椭圆形，而马的眼睛位于两侧，相重叠的角度只有30度，只在脑后有一个盲区。

人的眼睛长在前面，是生存的需要，凡是捕食、食肉类的动物，眼睛都在正面，老虎、狮子、豹子、猫的眼睛都在前面，重叠角度大，容易判断距离。

马不是捕食性动物，是食草动物，所有的食草类动物眼睛都尽可能长在两侧，这是为了防御。马吃草的时候通常不停地抬头，同理还有牛和鹿等，这是为了观望，侦察危险。马的视力还不太好，500米外就看不太清楚了，但马的听力特别好。马的另外一个防御措施是尥蹶子，因为马的背后是盲区，在恐惧的时候就会往后蹬，因此站在马身后比站在马前面更危险。

3.“泥马渡江”说的是谁？

马未都评：辽国的版图很大，又早于宋朝建国，给宋朝的压力非常大。宋朝分为北宋和南宋两个时期，这是按地理划分的。当时北宋的国土相对来说比较大，但是被辽国压迫，金国在“靖康之变”中俘虏了包括徽、钦二帝在内的宋朝宗室，宋朝被迫南迁，史称“宋室南渡”，形成了南宋。

在“宋室南渡”时，有一个故事叫“泥马渡江”，说的是宋代的康王赵构，也就是后来的南宋开国皇帝宋高宗。

对于这段故事，史书上有记载，在南宋辛弃疾的《南渡录》中有这么一段：“宋徽宗第九子康王构，质于金，间道奔窜，倦息崔府君庙。有马在侧，王跃马南驰，一日行七百里。河既渡而马不前，下视之，泥马也。”意思是说，赵构被押给了金人作为人质，在偷偷逃跑的时候，到了崔府君庙休息，看到有一匹马在他身边。于是康王就迅速就骑在这匹马身上。“一日行七百里”，这是一种夸张的说法，形容跑得很快。过了河以后，马就不再前行了，下马一看，是匹泥马。

南宋高宗　赵构

因为有了这段记载，便有了“泥马渡江”的典故。这个故事体现了南宋当时政权的风险和不容易，赵构最终定都临安（杭州），偏安一隅，在位36年。在中国历史上，赵构是一个非常重要的皇帝，也是中国历史上第三长寿的皇帝，比他长寿的有乾隆帝，活到89岁，比赵构多活了8岁，然后是梁武帝，比他多活了4岁。

南宋出现了很多将领出身的词人，留下了很多关于战场的描写，非常有气势。因为非常仇视辽金，他们就会书写很多于己有利的文章。因此，在文化表达中，就会有贬抑辽金的记载，辽金史中的讹误也很多。

古玩门诊

古玩一

清晚期　粉彩博古图瓶

这是一个清代的花瓶，它比较特别，在顶部有一个王冠形的口，带有欧洲风格。这是一件欧洲人定制的外销瓷，很有欧洲味道，与传统造型有很大的不同。清代瓷器造型非常丰富，当时欧洲也有很多自己的瓷器造型，与这件瓷器很类似，只不过欧洲是用釉陶烧制的。欧洲人将这种造型带到中国来，让中国的工匠进行加工，画中国的图案。

19世纪的欧洲刮着强烈的中国风，从这件瓷器所绘内容的文化堆砌来看，当时欧洲人并不甚了解中国文化，只要是中国风即可，不求甚解。

这件花瓶上除了蝴蝶、草虫、仙鹤、猴子等动物形象，还有很多博古图案和清供，画面稍嫌混乱，但这种混乱受当时欧洲人的喜欢，这是他们眼中的中国文化，也就是19世纪的文化，传递了一种很优雅的生活状态。同时，欧洲人又喜欢自拟造型，定制出了这样一个造型奇特、内容繁复的花瓶。

这件花瓶大约是在清代后期制作的外销瓷，从整体上看，虽然主题不明，却深得欧洲人喜欢。

古玩二

清同治　官窑铜口玉壶春瓶

这是一个玉壶春瓶，画着洞石芭蕉，还有几根柱子，洞石芭蕉从宣德年间开始，经明朝到清朝，一直是官制的流行图案，底款“大清同治年制”写得干净利落。上面的铜口并非简单镶上去的，而是做了非常复杂的工艺。

在土耳其伊斯坦布尔皇宫中，很多中国瓷器都镶铜，这有两种情况，一种是为了装饰而镶嵌，另一种是因为瓷器受了伤，就镶嵌一个铜口，使瓷器相对完整。在伊斯坦布尔托普卡帕皇宫里，有很多国宝级的瓷器，都镶有铜质的口，此外还有鎏金顶的，非常漂亮。

这个花瓶的铜工艺非常娴熟，锤錾出来的花卉十分精致，二方连续的边饰完全沿袭了中国传统的纹样。

这件同治本年的玉壶春瓶，造型开门见山，款式写得也好，画片体现了当时的典型特征，柱子画得比较细弱，而瓶口的錾铜与青花瓷呈现一种混搭风，将历史和文化混搭在一起。

铁蹄争霸金元马

金朝和元朝都是马背上的民族建立的政权，但他们在马文化的发展上有一些差异。

金人属于渔猎民族，虽然也是马背上的民族，但对打鱼非常感兴趣。金朝地处东北，水源发达，史记上记载，他们渡河不用舟船，而是扶马而渡，即手扶着马脖子游过河去，因此金人的马与草原上的马是有区别的。

元朝人是纯粹的游牧民族，放牧是其主要的生活来源，他们对疆域的渴望远远超过了金朝的女真人。女真人觉得白山黑水很富饶，生活很好，所以相对来说迁徙较少，蒙古人在草原，夏天的时候绿草如茵、鲜花盛开，非常漂亮，一到秋天就非常艰苦，所以草原民族都经常迁徙，因此对疆域的要求比较大。所以，金与元，虽然同样都是游牧民族，却有很多不同点。金元时期马背上的民族用他们强劲的铁蹄，掀起了扩张的狂潮，创造了帝国疆域的辉煌。

元代　青花龙纹高足碗
高 11 厘米　观复博物馆藏

上页图是元代的典型器物，叫马上杯，今天又叫高足杯、高足碗。它的把手处有四个棱，方便用手攥住，因此文献上也称为把杯。古代的杯子，要么没有把手，要么在一侧有把手，而在下面有一个把手，则是元代最为流行的造型。马上杯是古时候用来在马上饮酒的，拿着比较安全。因为在马上颠簸，酒很容易洒，用马上杯就会稳一些。因此，这种马上杯，与游牧文化是密不可分的。

马上杯是一个非常有文化的名字，唐诗里有“葡萄美酒夜光杯，欲饮琵琶马上催”，也就是骑在马上，手中拿着一个杯子。进入明清后，这种把杯逐渐演化，它的足越来越短，棱逐渐消失。没有棱状纹的时候，就很容易脱手，拿不稳，不便于使用。

这个元青花龙纹高足碗外面只画了一条龙，在碗心画了秋菊，周围有暗花，这种印花在元代也非常流行。碗的里外一共有三条龙，碗内有两个印花龙，外面有一条首尾相接的长龙。元代人很有气魄，非常喜欢龙纹。流传到今天的元青花中，龙纹最多。大维德基金会在英国大英博物馆里展出的举世闻名的青花云龙纹象耳瓶，其主题图案就是龙。

元代　青花云龙纹象耳瓶
高 63.6 厘米　英国大维德基金会藏

明宣德　青花凤穿花高足杯
直径 10 厘米　大英博物馆藏

明嘉靖　　青花莲花纹高足杯
直径 13.2 厘米　大英博物馆藏

清康熙　青花花鸟纹高足杯
直径 7.9 厘米　大英博物馆藏

清乾隆　白釉暗刻花卉纹高足杯
直径 14.8 厘米　大英博物馆藏

清乾隆　白釉暗刻花卉纹高足杯
直径 14.8 厘米　大英博物馆藏

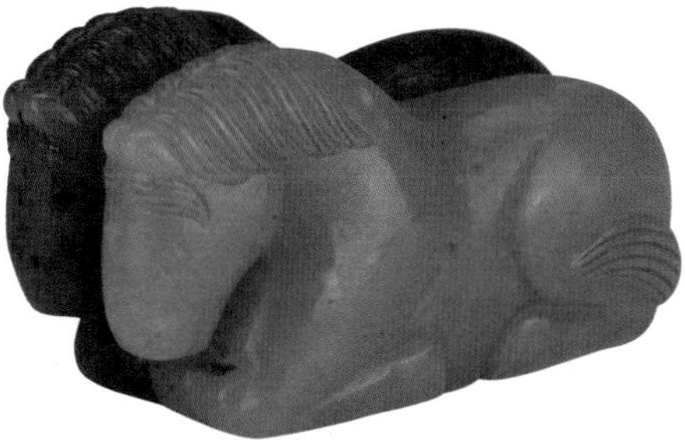

元代　双色玉雕卧马佩
长 5.2 厘米　观复博物馆藏

这是一块黑白玉，工匠利用中间的分界线，雕刻了两匹并行而卧的马，中间有一个天地的“穿”，也就是一个天地眼，这个眼是长方形的，十分少见。通常在玉器上流行穿圆孔，因为圆孔非常好打，而方形孔则是为了穿皮条，并非丝线，将一根长皮条穿过去，随身携带。

元代文化，或蒙古文化中，与马有很重要的联系，马文化是蒙古文化的主体，马的行进速度和蒙古人的用马制度，使元帝国成为世界历史上最大的帝国，为中国打开疆域起了不小作用。

回顾这段历史，人们了解了马在战争中的作用，以及马为人类的文明做出的贡献。今天人们普遍进入城镇化时代，马越来越少，仅仅可以从媒体上看到，在几十年前，马车进城是一个最常见的景象，所有人都能够看到马，允许马车进城。而今天如果想去亲近马，就只能去马场。

1. 马的寿命一般有多长？

马未都评：在人类豢养的动物中，马算是体型最大的，其次是牛，剩下的动物都比较小，比如羊、狗、猪，尺寸都不大。欧洲宫廷马都长得很大，让人心生畏惧。在人为饲养的环境中，马的寿命大约是30年，算是比较长的。

买马时通常要看马的牙齿，马的一生是牙齿不断磨短的过程，一看牙就知道马的年龄了。马齿是有磨损的，因为它是吃草的，干草很硬，只有马的牙齿才能嚼动，因此会磨损牙齿。因此根据马的牙齿就可以判断年龄，和树的年轮相似。一般情况下3岁以下的马，都算马驹，也就是小马，3岁以上就是成年马了。马有很多品种，分重挽和轻挽，这是指马的力量。还有一种马专门用于骑乘，它的拉力不足，但体态轻盈。

中国历史上很多文化、很多字都与马有关。而马的成语基本上都是好的寓意，只有个别成语是贬义，“金戈铁马”“马到成功”等词都是褒义词。凡是带马字边的字，理论上讲都与马有关系的，比如“驰”，车马疾行为驰；“驱”，驱车前进，鞭马前进，就是打马；“驻”，驻扎，就是车马停止了；“骄”是马健壮的状态；“驾”，驾驶、驾驭，是把马系于车上的意思；“骇”，本来是马受惊了；“骈”，六朝的时候最流行的是骈文，每句话都是对仗的。

欧洲宫廷用马

还有一个生活中经常说的字“骗”，今天有很多诈骗分子，短信诈骗、电话诈骗等。“骗”最早的意思是指跃上马背骑乘。所以带马字边的字一般都与马有直接关系，这就是马留给人们的文化。

2.传说中，成吉思汗骑的是什么颜色的马？

马未都评：金朝与元朝虽然同为游牧文化，但是元朝人更注重疆域的拓展。元代的成吉思汗所骑的马是白色的。

在鄂尔多斯的成吉思汗陵，散养着很多白马。对于蒙古人来说，这些马都是神马，不可使役，不可宰杀，天天优哉游哉地在陵墓旁边吃草。

成吉思汗陵白马

哈达

元朝国俗尚白，也就是崇尚白色，因此蒙古包都是白的，蒙古人穿的衣服也都是白的。传说中成吉思汗骑白马，白色在萨满教中是善的象征，因此蒙古人认为白色是吉祥的颜色。藏族人有白色的哈达，蒙古人也有。

《马可·波罗游记》中记载："每逢新年，举国白衣，四方贡献白色的织物，白色的马匹，人们互赠白色的礼物，以为祝福。"

在古代，流传到今天的琉璃瓦多是黄色、绿色、蓝色，甚至黑色的，白色的很少，流传到今天的白色琉璃瓦，都是元朝时烧造的。

元太祖　成吉思汗像

元世祖　忽必烈像

元太祖成吉思汗像、元世祖忽必烈像以及元世祖出猎图中，两人都是身着白衣。

成吉思汗埋葬的地方，史学界至今没有定论，成为一个谜，全世界都在找成吉思汗的埋骨之地。蒙古族的风俗是不修陵墓的，游牧民族没有机会年年去祭拜祖先，因此，死在何处就葬在何处。成吉思汗作为蒙古人的精神象征，修建了陵墓，但却没葬在陵墓中。这座陵墓位于鄂尔多斯地区，非常壮观。在这里，人们可以了解到蒙古族的由来，元朝的疆域，蒙古族的风俗习惯等等。

元　刘贯道《元世祖出猎图》
长 182.9 厘米　台北“故宫博物院”藏

3. 在我国，马蹄铁是哪个朝代大规模应用的？

马未都评：马蹄铁俗称钉马掌，在中国，马蹄铁是从元代开始大规模应用的。高桥马鞍的出现，使马加速和急停，人不会从马上掉下来，马镫的出现使人在马上能够稳定身形。因此马上的战斗变得非常残酷，这些都是军事发明。公元 1 世纪，罗马人就开始钉马掌了，但中国人不会。

马蹄虽然是角质的，很硬，但是长途奔袭中，如果路的情况不好，马蹄会开裂，马就受伤了。人在指甲受伤后会疼痛难忍，马也是一样。

中国人应用马蹄铁这项技术是在元朝开始大规模应用的，而在此前的文献中都未有过关于马掌的记载，也没有出土文物。元朝人从西域学到钉马掌的技术以后，开始把马蹄铁大规模应用，这伴随着元朝版图的扩张。元朝版图扩张与其部队的行进是有直接关系的，因为此时可以长途奔袭。

蒙古人用马制度很好，凡是立过战功的马，绝对不允许杀了吃，直至送终。蒙古人所吃的马肉，都不是直接用于军事的马。他们也有喝马血的习惯，在长途奔袭中，如果体力得不到补充，就把马的颈部用刀划一个口子，吸吮马血，补充体力。

元朝有一个非常好的军事制度，是西方人所不了解的，这也是为什么蒙古人能够短时间就直逼欧洲人城下。元朝远征时，并不是一人一马，而是最少一人两马，通常一人三马乃至一人四马。队伍行进的时候，100 个人有 400 匹马跟着，不停地换马，不让马过于劳累。在驻扎下来的时候，一定会有人先去喂马，将马服侍好，才能够去打仗。

在古代，马是战争机器，如同现代部队一定要擦枪擦炮。蒙古人利用了马上的军事制度，使当时的版图扩张到几乎整个亚洲、俄罗斯，一直打到多瑙河畔，是古代中国版图最大时期，达到 4 400 万平方公里。元代画家非常喜欢画马，比如元代著名画家赵孟頫所绘的《秋郊饮马图》。

元代　赵孟頫　《秋郊饮马图》
长 25 厘米　宽 59.8 厘米　故宫博物院藏

元代　赵孟頫　《浴马图》
长 28.1 厘米　宽 155.5 厘米　故宫博物院藏

这是《浴马图》，也就是给马洗澡，马站在河里，由人给它洗澡，马都优哉游哉的，有黑马、红马、黄马、白马、花马等。通过《浴马图》，可见元朝人对马的感情。

这个《二马图卷》的作者是一个元朝官员，叫任仁发。二马图非常有名，作者对二马图有一个解释，前面画了一匹膘肥体壮的大花马，后面是一匹瘦马。瘦马代表一个清廉的官，自己瘦了但国家肥了。肥马是一个贪官，自己肥了，但是老百姓都瘦了。这相当于一个警示，一个座右铭，“以俟使者”，就是为了留给他人观看。这是任仁发非常重要的一幅画。肥马看起来很得意、很壮硕、很漂亮，瘦马精神不死，身体虽然瘦，但是保持着一种精神。作者的写生能力很强，虽然只是办公之余的绘画，却功力深厚。任仁发所说的瘦马，代表一种廉洁。明朝人有文献记载“养瘦马”，是指扬州地区的风俗，把小女孩培养成名妓或卖与富人做妾，与任仁发所说的瘦马不同。

人们对历史的了解有时候都是很直观的，比如在这幅画中，如果不解读作者留下的文字，就无法知道画家的本意。

元代　任仁发《二马图卷》
长 28.8 厘米　宽 142.7 厘米　故宫博物院藏

古玩门诊

古玩一

清同治　暗刻龙纹天球瓶

这是一个天球瓶。天球瓶是明代初年永乐、宣德年间创烧的一种造型。早期天球瓶的瓶颈都很短，至少比最晚的短一半，到了清代，雍正、乾隆年间以后，人们特别欣赏天球瓶，复烧了很多，造型上有所改观。

清代乾隆年间烧造了很多天球瓶，品种也非常多，如青花、釉里红、粉彩等等，也有各种颜色的釉。这种黄釉与宫廷有关，底下的款式刻得非常规矩："大清同治年制。"

黄釉在清代档案里有专门用语，叫黄器，也就是黄颜色的瓷器，却没有红器、绿器，因为黄器直接与皇家有关。

这件天球瓶的造型晚于乾隆时期，瓶颈变得比较长，器形也变得饱满，早期的天球瓶都比较矮。这件天球瓶是同治年间宫廷烧造的陈设瓷，画了3条龙，龙纹是暗刻的。黄釉也有很多种，它的黄釉不够鲜黄，雍正时期烧造的鲜黄釉，颜色十分鲜嫩。这件天球瓶的颜色相对较老，十分沉稳，作为陈设瓷，如果过于鲜艳就有点抢眼，古代很多的陈设瓷，都是静静地陈设着，不能太惹眼。

瓷器在拉坯的时候非常柔软，如果技术娴熟，可以一次拉坯成型，但通常是先拉一半，再接另一半，这是因为如果一次拉坯成型的话，要释放应力，容易变形。因此，在拉坯后，要静置阴干，而不能暴晒。阴干后瓷坯具有一定的硬度，但又不会过硬，此时可以进行修胎，用竹刀，也就是竹枝或金属杆子直接在瓷坯上作画，这时候因为硬度较低，很容易刻。刻后上釉，上釉后进窑烧。在刻时，手劲强度要适度，不能过大，否则容易弄碎。

古玩二

南宋　连珠纹吉州窑罐

这是一个小罐，不是很大，罐表面有装饰，是点状形式的装饰。这种装饰在陶瓷装饰的初期，如西晋时期就出现了，那时候喜欢用一个个圆相连的连珠纹。

宋代有一个特殊的窑口，喜欢使用这种点状的装饰，就是南方的吉州窑。吉州窑在中国的宋代陶瓷，尤其南宋时期的陶瓷中，所处区域比较窄，在江西吉州生产。过去人们都比较忽视吉州窑，认为吉州窑很粗糙，做得都不是很精细，这些年由于研究的深入，出土文物的增多，发现吉州窑里也有非常精美的。

吉州窑的瓷器是一个典型的南北文化融合产物，有人认为，由于金人将宋朝人赶到南方，很多北宋工匠为了生存，逃到南方。鉴于金人与南宋对峙的情况，南宋从南边几省，也就是浙江、江西等地调拨资源，让一些北方工匠在江西吉州稳定下来，利用当地的条件制作瓷器，因此吉州窑有很多地方显现了北方磁州窑之风。相较于南方地区山秀人美，北方由于地旷人稀，感觉比较粗犷，做出来的瓷器在南方人看来就非常粗糙。这是一种相对的感觉，如同在一个宽阔的空间，不会计较小事，可以自由发挥，不容易因为位置之争而起争执；处在狭小空间，就很容易进行争夺。

古玩三

清晚期　五彩人物橄榄瓶

这是一个五彩橄榄瓶，外观很美。橄榄瓶理论上讲在清代不是太流行，从清代中期开始出现，清代末年依旧存在。橄榄瓶的品种不是太多，因为它很不稳。其一，它本身不稳，中间粗两头细，给人的感觉是很容易倒。其二，给人的感受不稳，如果瓶子底部略大，就会感觉很踏实，这是人心中微妙的感受。因此陈设瓷的底部一般会烧大一些，比较安全，给人的内心感觉也很好。

橄榄瓶的表面画工精细，上下先画3层边饰，有金钱纹、二方连续等，此外还有几层。主图案有五男七女，都脚踏祥云，七女有可能是七仙女，五男也都是神仙。判断瓷器的年代，要看它的时代气息，每个时代的气息不同，如同通过照片上人物的神态举止，就能推断年份一样。这件橄榄瓶的气息就是晚清，每个时代的画法都不同，清代后期的画工非常精细，这从它的仙女姿态和人脸的画法上可以看出。

从橄榄瓶这个角度上讲，其品种是不多见的，因为容易碎掉，难以保存。橄榄瓶的画片画得很满，有松树、建筑、桂花、庭院。

博采众长明清马

中国历朝开国皇帝，都是骑马打仗统兵得天下的，古代人对马的情感非常深厚，有的甚至生死相托。中国最后两个封建王朝——明朝和清朝，延续了这个传统。明朝是汉族人建立的政权，非常重视马政，明朝集前面所有朝代的马政之长，对马的管理和养育都尽心尽力。明朝有276年的历史，在中国是一个大朝代，与清朝的时间跨度几乎等长。明与清，虽然一个是由汉族统治的时代，一个是由满族统治的时代，但对马的态度都是一致的。

这是一块铁牌，上面的文字是“尚瑞院批字号一马牌　隆庆六年十二月　日”，印是“尚瑞院印”。这种文物如今不多见。铁牌的正面有一个马的形象，图案是凸起的，线条很细，描绘了一匹飞奔的马，马尾飘逸。

明代　铁质尚瑞院马牌
长17.5厘米　观复博物馆藏

铁牌的背面标明了牌的重要性，是尚瑞院的。宋代有尚食局、尚药局，尚瑞院是朝鲜的宫廷机构，这个机构负责发牌和管理印玺，如皇帝的印、宫廷的印章、符牌。这个铁牌是个通行证，除了一马牌，还有二马牌、三马牌、四马牌。一马牌，就是凭此牌只能随身带一匹马进宫。

“批字号一马牌”，“批”字是按照千字文排序的，有点类似于今天车牌号上的字母，“批”本身无意义，就是用来排序的。古代的越南、朝鲜、日本，使用的都是汉字，因此这个牌子上都是汉字。今天，在日本一些重要的场合，使用的依旧是汉字，而不能写假名，在其文化中，汉字是一种高级的文字。朝鲜在古代不仅使用汉字，还使用中国的年号，因此在这件铁牌上有“隆庆六年”字样，距今有400多年了。

400多年前，进入朝鲜宫廷时，携带一匹马，需要使用这种铁牌。这有点类似于今天的车牌，进入很正式的单位时，不携带正式的通行证是不允许进入的。尚瑞院是一个发放、管理印章符牌的单位，虽然单位不大，但权限很大，如同今天的后勤保障部。

这件马牌的尺寸很大，是为了防止造假，在大庭广众之下悬挂着，别人很难伪造。马牌是没有等级差的。在明代，很多符牌上会写明“借者与借予者同罪”，将马牌借给别人也是有罪的，可见当时为防止刺客入宫对符牌管理得十分严格。而且当时宫廷斗争非常残酷，因此所有的出入证都需要备案，并且绝不允许借给别人。

明代　青玉雕海马负书摆件
长12厘米　观复博物馆藏

上页是一个明代后期文房摆件，“海马负书”，它有极强的文化含义。海马负书的传说至少有 2 000 年的历史了。孔安国《尚书·大传》中写道：“王者有仁德，则龙马见。伏羲之世，龙马出河，遂则其纹以画八卦，谓之河图也。”意思是说君主有德，神马感召负图而来。海马负图历代被视为祥瑞。

中国早期的商周时期、秦汉时期是以马战车为主的战争，晋唐以后，到辽宋、金元，都是以骑兵为主的战争状态，这些状态都不停地给人们一个提示，告诉人类在文明的推进中，马所起的作用。人类的文明是在不文明中行进的，人们试图找到文明的目标。人类的文明是趋同的，人类的文明的愿望都希望一致，希望世界大同，但是目前我们仍在途中，马给了我们很好的提示。

清乾隆　圆明园御制马首铜像
保利博物馆藏

圆明园的十二生肖兽首中有马。十二生肖兽首一共 12 个，今天……能找到 7 个，这是中国人心中的一个痛。马首当年苏富比拍卖的时候，经过议价，澳门的赌王何鸿燊，买了以后要捐献给国家，目前在葡京赌场展出，已经回到中华民族的手中了。十二生肖是中国的传统文化，当年圆明园修建的时候，原本这个位置放置的都是美女，乾隆认为不成体统，所以就改成了十二生肖，每一个时辰有一个生肖吐水，到午时和子时的时候同时吐水，非常壮观。

1. 明孝陵的神道中，有几匹马？

马未都评：明孝陵是朱元璋的陵墓，在明孝陵的神道中，有 4 匹马。神道里的雕像是对称的，有 6 种动物，共 24 只，依次是狮子、獬豸、骆驼、大象、麒麟、马，各有两对，一对站立，一对跪着，非常漂亮壮观。洪武生前就开始建陵，调动军工 10 万，在永乐三年建成，一共修建了 25 年。

明孝陵

明孝陵神道

明孝陵神道

这些动物都离人们生活较远，獬豸、麒麟是神兽，大象、狮子、骆驼在中国也很少见，只有马比较接近人们生活，因此排在6组动物的最后一位。石像生是中国丧葬制度中很重要的一类，除了动物，还有人，有文官、武官，在乾陵的武则天墓和霍去病的汉代大将墓前，至今还有这些雕塑。

中国古代的丧葬制度中，到了一定的等级，比如诸侯级别、帝王级别，在去世后都有后人祭奠。孝道是中国文化中很重要的一点，讲究孝道国家才会有秩序。

2. 郎世宁在中国宫廷待了多少年？

清朝有一位意大利画家叫郎世宁，他以画画为生，供奉中国的朝廷，在传教的同时，带来了西洋画法。中国画是按照自己的想象和内心的感受去画画，西洋画讲究解剖，讲究透视，一定要画得逼真。

郎世宁的画很重要的一个内容就是马，他画过十骏图，也画过十犬图，十骏图非常有名。

郎世宁在康熙五十四年，也就是1715年进入中国服侍朝廷，康熙皇帝很喜欢他。郎世宁来中国的时候非常年轻，才27岁，他历经三朝，从康熙后期经过雍正到了乾隆。在乾隆二十三年，也就是1758年，乾隆为他在宫廷里办七十大寿，可见皇上对他的喜欢，这在当时叫作天恩。在乾隆三十一年，也就是1766年的时候，郎世宁去世，他来到中国已经51年了。

郎世宁最后葬在北京西城，在今天的北京市委党校的院内，墓碑至今还保留着。一个外国人，不远万里来到中国的，人们比较熟知的是毛主席的《纪念白求恩》，说的是一个外国人毫无利己的动机，把中国人民的解放事业当作自己的事业。在白求恩之前100多年的时候，就有一个叫郎世宁的意大利人，来到中国，带来了很多西方的文化观念，这个观念对清廷的影响非常大。

清代　郎世宁《乾隆皇帝大阅图轴》
长 332.5 厘米　宽 232 厘米　故宫博物院藏

这是郎世宁画的《乾隆皇帝大阅图轴》，中国古代的画家画不出这种画，中国画是写意的，他们能画马，但无法如此写实。从这张画上可以清晰地看到乾隆的长相，他的体格和马匹的状态，包括他的尚武精神。清朝康雍乾三朝的皇帝，一直提倡不要忘记清人是马背上得天下的，要求子孙们继承传统，要习武，包括骑马。

清代　郎世宁《百骏图》
长 776.2 厘米　宽 94.5 厘米　美国大都会博物馆藏

这是郎世宁画的另外一幅画，叫《百骏图》，非常漂亮，是国宝级别的，目前收藏在美国大都会博物馆。画中画了一百匹各色各样、姿态各异的马，十分漂亮可爱。郎世宁的《百骏图》画的是郊外，古树参天，马匹悠闲自得，颜色也很丰富。这样一幅画即使今天重新临摹，也需要很长的时间。郎世宁在这幅画中加入了一些中国画的技法，把中西绘画技巧融为一体。一方面，他把西方画动物的写实的技巧教给中国人，另一方面，他尊重中国的文化传统，比如图轴的表现形式，比如山水的表现。他画的树与中国人画的是不一样的，树干画得非常圆，具有立体感。

清代　郎世宁《哈萨克贡马图》
长 45.5 厘米　宽 269 厘米　法国吉美博物馆藏

这是郎世宁画的《哈萨克贡马图》，坐在交椅上的就是乾隆皇帝，这时候乾隆皇帝已经到了晚年。画中有白马、黑马和花马，都是哈萨克人进贡的，当时哈萨克人都俯首称臣、三拜九叩，乾隆皇帝坐在交椅上悠然自得，可见当时的国力之强。

在这幅图中也可以看出，清代的后世子孙也沿袭了一些服装上的传统。清朝有一种服装，对中原影响非常深，叫马褂。马褂都很短，就是为了骑马方便，如果太长，骑马会碍事。马褂作为一种满族的服装，逐渐汉化，后来的汉族人也很喜欢穿马褂，因为马褂比较宽松，穿着很舒服，这也是马背上的民族沿袭下来的一种传统与文化。

清代　湖色团花事事如意织金缎绵马褂
身长 73 厘米　两袖长 120 厘米　故宫博物院藏

清晚期　蓝色漳绒团八宝大襟马褂
身长 77 厘米　两袖长 164 厘米　故宫博物院藏

古玩门诊

古玩一

清乾隆　铜胎画珐琅小碗

珐琅是从铜胎画珐琅逐渐转化到瓷胎画珐琅，还有玻璃胎画珐琅的。珐琅彩温度低于瓷器的烧结温度，所以在瓷器上可以良好地表现珐琅彩的颜色，但玻璃器的熔点偏低，烧制玻璃器珐琅彩的工艺很难。铜胎珐琅彩很容易制作，当年法国人的珐琅彩就是烧在铜胎上的。

中国皇帝第一次看到铜胎珐琅是在康熙时期，当时法国传教士将铜胎珐琅带到中国，赠送给中国皇帝。康熙看到后，让中国工匠用瓷器仿制，因此在康熙后期，中国工匠利用中国的特长瓷器来画珐琅。

画珐琅的器皿日常不是很常见，但到了清代后期，改良出一种器皿，也就是搪瓷，有搪瓷盆、搪瓷缸等，都是与珐琅非常接近的材料。

这件珐琅彩从颜色上看非常容易判断，这种蓝色与粉色，都是在清代中期出现的，大约在乾隆年间左右，或乾隆偏晚，最晚不超过嘉庆。这个碗的颜色非常鲜艳，今天的人们很少用这种鲜艳漂亮的碗，因为成本非常高，它的颜色很多，有淡绿色、粉色，粉色中还加了黄色，此外还有藏青色，上面有描金，粉上有红，下了很大的功夫，主色调是天蓝色，内部是白色。

这种铜胎画珐琅在清代最流行的时间，是雍正到乾隆时期。乾隆以后的珐琅彩瓷器分量偏轻，而这件珐琅彩瓷器有重量感，所以年份偏早，大概是乾隆时期的。

古玩二

明后期　青花花卉纹军持

这是一个军持，用来装水，这个器物在日常生活中并不常见。军持来自佛教的梵语，通常称为净水瓶或净水壶，一般做宗教法事的时候，需要净手，无论手是否干净，需要有这样一个仪式，在今天依然如此，无论是佛教还是伊斯兰教，举行宗教仪式的时候，都要怀着这种虔诚的心态。早期的净水壶通常是水从哪里进去，就从哪里出来，后来发展成大进小出，很方便。一壶水可能洗 8~10 人。

这件军持大概是明代后期的，距今有 400 年左右，就是一个宗教仪式使用的净壶。它的形态有别于生活中的器物，是因为在宗教中使用。宗教的器物会尽量有别于日常器物，产生一种距离感，以示庄重神圣。

青莹雅器唐白瓷

白瓷出现得比青瓷晚，是中国人烧造陶瓷追求的第一个大目标。在陶瓷烧造的历史上，每个阶段都有一个相对来说很久远的目标，中国人对白瓷的追求历史有上千年，才能够烧造真正意义上的白瓷。真正的白瓷始于唐朝以前，大约在北齐时期。有了白瓷，才有了此后五彩缤纷的彩瓷，有简单才有绚丽。

唐朝时期，中国陶瓷形成了南青北白的局面，这一局面对中国陶瓷的影响非常大。唐代白瓷首推邢窑，邢窑烧造的白瓷在传世瓷器中可谓完美，在唐代已经作为国礼用于赠送，作为国家的宝藏在皇帝的私库收藏，这些迹象表明，当时白瓷是中国科技含量最高的产品。白色是现代生活中最简单、最素雅的颜色，但是对 1300 多年前的唐朝人来说，却是一种追求。

唐代　邢窑白釉壶
高 17.6 厘米　故宫博物院藏

唐代　邢窑白釉茶臼
口径 17 厘米
观复博物馆藏

唐代　长沙窑青釉点褐彩带盖执把壶
高 19 厘米　观复博物馆藏

这是一个青瓷执壶，唐代瓷器形成南青北白的局面，它是南方烧造的长沙窑青瓷，青釉中带一点褐彩。

这件瓷器虽然在现代称为壶，但在唐宋时期非常流行另一个名字，叫“急须”。今天在日本，这种器型依旧被称为“急须”，日本使用的是中国唐代的词汇。

江户时代　色绘花鸟文急须
日本东京国立博物馆

江户时代　色绘急须
日本东京国立博物馆

急须在使用中非常便利，它的角度很适合倒水，壶嘴称为“流”，与壶柄呈 90 度夹角，但通常小于 90 度，日本的急须也是 80 多度，因为经过测算，这种角度使用起来最舒服。

这种壶在中国的唐宋时期比较流行，在宋词中，很多词人都描述过急须，如果不了解这种瓷器，是很难理解词意的。

现代的日本，在商店里依旧可以看到这种叫“急须”的器物，在中国已经不使用了，因为饮茶习惯有所变化，从唐到宋元变了三次。

这种壶严格来说，应该称为“注子”，是注水用的，早期也可能是酒具，它非常方便使用，而现代的酒壶，壶嘴与壶柄的角度是 180°，给自己斟酒十分别扭。

长沙窑是唐代时期南方最重要的窑口之一，经过漫长的历史被湮没了。近些年很多出土文物中，出现了长沙窑瓷器，其中就有一艘唐代的“黑石”号沉船，出水了 6 万多件长沙窑瓷器，非常漂亮，使人们对长沙窑有了新的认识。而在清末到民国时期，是没有人认识长沙窑的。长沙窑的特征包括它的垫烧方式，以及褐斑。

唐代　长沙窑青釉褐斑贴花壶
高 22.2 厘米　故宫博物院藏

唐代　长沙窑青釉褐绿彩摩羯纹碗
“黑石”号沉船出水

唐代　邢窑白釉弦纹瓶
高 24.7 厘米　观复博物馆藏

这是邢窑长颈瓶，有人认为它是玉壶春的前身。玉壶春是瓶式之一，撇口、细颈、圆腹、圈足。玉壶春在宋代以后基本定型，宋、元、明、清时期变化不大，是中国瓷器中的经典造型。玉壶春早期的样子，理论上来看，大概就是这种长颈瓶。这是唐代的非常经典的造型，也有其他颜色的，比如黄釉、绿釉、黑釉，甚至三彩的。

这是一个邢窑的白瓷，虽然只是理论上的白瓷。从视觉上看，整体是白色的，但是仔细看时，在积釉的地方，会不经意地闪现青色，这是因为铁元素尚未去除干净。

这是一件 1 200 年前的瓷器，通过它，能感受到文明的积累是一步步走过来的，而流传到今天的白瓷是 1 000 多年以前的古人追求的目标，让人对这种祖先的文化油然而生一种敬意。

1.在唐代，白瓷最早是北方还是南方率先烧造的？

马未都评：古代的白瓷与今天的白瓷略有不同，现代人认为，白瓷是有白度的，而古代的白色，是一种心理上的白。

唐代瓷器形成了南青北白的局面，从建国后大量的墓葬出土文物可以判断，白瓷是北方率先烧造的，始于北齐时期。

在河南发现的范粹墓，是公元575年，也就是北齐年间的墓葬，里面出土了科学界认可的真正的白瓷。但这种白瓷与后世的白瓷比起来，依旧略带一点青色，在积釉的地方尤为明显。出土的数量比较多，可以确认当时已经能够烧造白瓷，此时距唐朝建立还有40多年。证明至少在唐代建立前半个世纪，中国人就能烧造比较白的瓷器了。

到了唐代以后，白瓷技术飞快提高。当时的政治中心在北方，因此，北方能够率先烧造出白瓷。历史上，科技水平是随着政治中心变化的，这与现代不同，现代我们的政治中心是北京，而广东、上海地区都有其领先的科技。在古代，所有的科技都倾向于在首都周围发生，政治、经济都是一体化的。因此，唐代的白瓷能够登峰造极，主要是因为政权在北方。同样，南宋时期的龙泉窑做得登峰造极，也是因为当时的政权在南方，手工业发展与政权的关系非常密切。

唐代　白釉“盈”字款罐

唐代　邢窑白釉象

北齐　白釉瓷莲瓣纹四系罐
河南博物馆藏

唐代　巩县窑白釉水注

在当时，唐代烧造白瓷最有名的是巩县窑，此外还有河南地区的很多窑口，如鹤壁、密县、郏县等，但这些窑口烧造的白瓷，都不如邢窑白。邢窑位于今河北邢台地区，是白瓷的主产区。

这是巩县窑的白釉水注，器形较大，有小短嘴，受唐代时期烧造条件的限制，无法烧造长流，因为长流容易变形。随着科技的进步，现代人已经很难感受到很久以前古代人的生活状态了。

2. 在可见光里，黑白两色，哪个是反射的？

马未都评：在有光线的情况下，白色是反射的。人们通常认为白是无色的，黑是有色的。以陶瓷为例，经历了由白及黑的历史。从光谱分析中来看，白色反射了所有的可见光，是其基础的光谱构成。

白色瓷器是中国陶瓷史上追求的第一个大目标，因为陶瓷烧造白色非常困难，有了白，才有了后面的变化，白釉变成终点，也是一个起点，也就是说，将瓷器烧成白色，就达到了目标。而此时，又变成新的起点，有了白色作为比较，才能生产绘画类的瓷器。

唐中期以后，邢窑能够游刃有余地烧造白瓷了，白瓷曾经作为国家最重要的礼物，用来赠送。

唐明皇的百宝大盈库里，有"盈"字款的白瓷。凡是白瓷下面写个"盈"字的，都是百宝大盈库的，这是唐明皇高兴的时候用来赏赐臣子的。它很白，可见当时的技术含量。但白色并不代表唐代的审美，唐代的整体审美需要一个过程。虽然白瓷构成了南青北白的局面，却并非主流审美。唐代的主流审美是非常热烈的，如唐三彩，使各种颜色交织堆积，达到一种后代达不到的高度。白瓷在唐代达到了一个科技高峰。

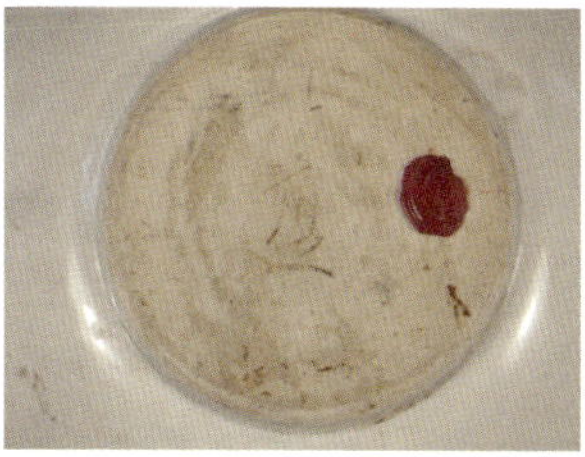

唐代　邢窑"盈"字款白瓷碗
口径 16 厘米　观复博物馆藏

唐代　三彩盖罐
高 23.5 厘米　故宫博物院藏

唐代　三彩陶马
高 60.4 厘米
中国国家博物馆藏

3. 白瓷的烧制成功主要和哪个金属元素有关？

马未都评：瓷器和陶器的所有颜色的成色都与金属元素有关，每一种颜色都是金属元素在高温下的反应。金属元素包括金、银、铜、铁、锡等，不同金属元素决定瓷器的不同颜色。

白瓷是把铁的成分剔除，最早的青瓷与铁有关。自然界中铁含量非常丰富，瓷器内一旦有铁就开始呈青色，铁的含量越多，颜色就变得越深，这是青瓷的基本原理。

白瓷在青瓷的基础上把铁一点点去掉，一旦铁含量百分比降到 1% 以下，瓷器就呈现白色。

唐代的巩县白瓷铁含量不足 1%，是 0.57%。北宋的影青釉可以称为白瓷，但带有一点点青，它的含铁量接近 1%。越窑的青瓷含 2%~3% 的铁。早期的龙泉窑青瓷与晚期的铁含量不同，晚期龙泉窑青瓷显得非常嫩，因为含铁量下降了。酱釉是咖啡色的，含铁高达 3.5% 左右。黑瓷含有氧化铁，铁元素高达 8%。

白瓷、青瓷、黑釉含铁量		
唐代巩县窑白瓷	三氧化二铁	0.57%
北宋影青釉	三氧化二铁	< 0.99%
唐代越窑青瓷（色深）	三氧化二铁	2-3%
唐代婺州窑青瓷（色淡青）	三氧化二铁	1.5%
宋代早期龙泉窑青瓷（粉青）	三氧化二铁	2.1%
宋代早期龙泉窑青瓷（梅子青）	三氧化二铁	1.01%
宋代曲阳酱釉	三氧化二铁	3.48%
北宋建阳兔毫	三氧化二铁	3.22%
唐代德清窑黑瓷	三氧化二铁	8%
北宋浙江武义黑釉	含铁量	9.54%

瓷器含铁量图表

从这张表上可以看出，含铁量由1%~10%，呈现由白到黑的过程，这就是铁在陶瓷中的作用。古人烧造白瓷就是一个提纯的过程。这在现代是很容易的事情，因为有化学工业，可以随意分配比例。但在古代没有化学工业，工匠们全凭感觉、凭经验的积累，一点点把瓷器烧造出来，因此，铁元素造就了瓷器由浅入深的色泽。

古玩门诊

古玩一

清光绪　素三彩鲤鱼水盂

这是一个鲤鱼形的水盂，鲤鱼是所有鱼中最容易辨识的，在文化特征中含义最深，意味着鲤鱼跳龙门。它的颜色是素三彩，包括紫、黄、绿，三个颜色形成了三个素色，素三彩颜色比较沉静。

这个水盂的做工比较讲究，内部刻着“大清乾隆年制”刻款，底下是海水纹，刻得也非常漂亮。表面有一部分白色，其功能是衬托绿色、紫色、黄色。水盂的内部很深，内膛很大。

这是一个放在文人案头研墨用的水盂，使用鲤鱼的造型，迎合了文人想要鲤鱼跳龙门的心理。鲤鱼的造型做得很形象。它不是乾隆年间的，而是光绪时期的。这是清代后期的一个仿乾隆时期的水盂，乾隆时期带有仿生特点的瓷器很流行，晚清有大量仿制品，数量甚至超过了乾隆时期。

它十分完整，摆放在文人案头，能够让人神清气爽、精神愉悦。

古玩二

清乾隆　粉彩大吉图奶杯

这是一个清代的奶杯，画片上有公鸡。在中国文化中，公鸡有两层含义。一方面是谐音，鸡就是“吉”，大公鸡也就是大吉。第二层意思，是与当官有关系。公鸡有鸡冠子，所以一般情况下画公鸡，旁边再画鸡冠花，意思是“官上加官”，这是很有福气的象征。中国古代大部分的为官者，其地位都是自己拼搏得来的，都要经过严格的科举考试，需要学习，通过科举考试才能够当官，从而有了社会地位和生活保证。

现代社会有退休制，因此不论做什么工作，步入老年后，都有社会养老机制，在古代却只有为官者有退休制，他们的社会地位很高。在传统的吉祥图案中，对“禄”和“官”都有直接表达，官上加官是其中一种。

在大吉图后面画的是芙蓉花，也可称为牡丹，表面的地子是龟背锦，画得很满。这是一个奶杯，现代的奶杯通常都是金属制品，而在18世纪的欧洲，只有富人和贵族才能够使用中国的瓷器，这与中国人某段时期向往外国是一个道理。

这是乾隆时期后期的外销瓷，在当时应该是一组茶具，有茶杯，还有托盘，这个奶杯是其中一件。

素清雅白宋元瓷

宋代的瓷器深沉简朴，造型简约大方，元代虽然延续的时间不长，但元代的制瓷工业在中国历史上也占有非常重要的地位。宋元两朝代，各有其性格，一个是汉族政权，婉约细腻，另外一个是少数民族政权，非常豪迈，在瓷器上与宋代也有明显的不同。

宋代是白瓷确立地位的重要朝代，在漫长的历史时期里，白瓷在宋代占有统治地位。元代是新兴白瓷的起点，早期的白瓷，特别是唐代、宋代、金代的白瓷，与元以后的白瓷有本质的不同——它们在材料上是不相同的。景德镇高岭土的使用，使白瓷更加趋向于科学意义的白。

元代　枢府釉印花缠枝牡丹纹卧足杯
口径 6.7 厘米　观复博物馆藏

这是一对元代卵白釉小杯，与今天喝工夫茶的小杯尺寸很相近。它的颜色略微青白，白瓷烧造是有过程的，邢窑没有定窑白，景德镇烧造的白瓷，一开始也不白，最白的时期是清代。元代开始烧造白釉的时候，第一种就是卵白釉，卵就是蛋，卵白釉的颜色很像鸭蛋青。早期的白釉颜色都比较青。

北宋　定窑白釉刻花花卉纹凤首盘口壶
高 42.2 厘米　观复博物馆藏

这对杯子的纹饰是凸起的，使用模子制成，有一只上面有沁色，发黑，另一只很白。陶瓷的装饰风格是日趋成熟的，它在纹饰上的表达已经非常成熟了。它的纹饰很清晰，有曲线，上面的花枝也都十分清楚。

这是当时的一对酒杯，而不是用于饮茶的，它会配有对应的酒壶。元代时，中原受到游牧民族的影响，开始有蒸馏酒，也就是烈性酒，因此酒杯很小。早期的酒，尤其是唐宋时期的酒，都是酿造酒，酒精度数小饮用量较大，比如武松喝 18 碗酒，一定不是小杯，否则会显得不够豪气。

上图是一个五代到北宋初年的凤首盘口壶。20 世纪 90 年代，在河北一个寺院的塔基中，出现了大批的定窑制品，这些制品中，有很大一部分使用刻花工艺。中国古人在发明白瓷以后，很喜欢在白瓷上做文章，在白瓷上做纹饰是第一表现形式，使用刻、划、印等方式，制作了很多定窑产品。定窑有纯白的，也有刻花、划花、印花的，每一种都有自己的表现力。

这是早期的定窑，北宋时期的定窑略呈象牙黄色，所刻的是缠枝荷花，在口部刻了一个凤首，凤首是受到了唐代瓷器的影响，它的刻花反映了北宋时期的美学追求。

这种作品很少见，既是观赏器，又是实用器，但在生活中不常用。这种风格是受游牧文化影响的，这种器形最初是金属器的器形，五瓣型的盘口和凤首在金属器中是很容易表现的，包括凤首后的羽毛，都是适合金属器皿表达的，瓷器表达起来就很困难。每种材质都有其长处与缺点，工匠通常喜欢扬长避短。瓷器做圆口比做花口更容易，之所以做成花口，是因为在倒水或其他液体的时候，花口会有固定的流向，圆口容易倒洒，如果有一个小的限制，在倾倒的时候，液体就会从其中一个口流出。

宋元时期是中国白瓷的一个重要节点，元代以后生产白瓷的任务就交给了景德镇，而北方大地的邢窑和定窑逐渐退出了历史舞台。这就是历史文明的进程，不断地有前进与替代，才有今天的辉煌成果。

观复学堂

1.北宋五大名窑——汝窑、官窑、哥窑、钧窑、定窑，哪个出现得最早？

马未都评：瓷器的烧造有先后，宋代的五大名窑，是今天喜欢陶瓷的人们常谈到的，汝、官、哥、钧、定，这个说法最初是明初的人提出来的，在明朝与清朝，以至民国到现在，对所有研究陶瓷的人影响至深。

在北宋陶瓷的江湖上，定窑是大哥。定窑受唐代邢窑的影响，定州与邢州很近。定窑在五代时期创烧，到北宋初年就已经非常成熟了，它逐渐摆脱了邢窑，形成了自己的风格。定窑的崛起，造成了邢窑的逐渐衰退，邢窑被定窑替代了。定窑位于河北，也就是今天的曲阳周边。

五代　定窑白釉刻官款水丞
高 6.4 厘米　故宫博物院藏

北宋　定窑白釉孩儿枕
长 30 厘米　故宫博物院藏

定窑的主要特点是由不做花卉纹饰的素器，向有纹饰的方向发展。邢窑是不做纹饰的，保持纯白色，以颜色作为其表现手段和形式，而定窑上面开始刻有花卉、人物纹和动物纹，从美学的角度，定窑又向前跨进了一步。

上页图是一个定窑白釉刻官款水丞，比北宋早一些，在底部刻着一个“官”字，它并不是官窑，但是属于官方器物，是公家的物品。

上图是著名的定窑孩儿枕。北宋孩儿枕是定窑白瓷的代表，它的伟大在于工匠的想象力，瓷枕是瓷器中非常重要的品种，从唐代开始出现，宋代登峰造极。这件孩儿枕是一个孩童的形象，呈趴着的姿态，很天真地斜望着天空，下面有很复杂的纹饰，孩童手中还捏着一个绣球。在塑造孩童的形象中，除了面部恬静的表情以外，他身上的褶皱，以及附加的所有纹饰都做得一丝不苟，它使用了很多种工艺，而在宋代，白釉又不太容易烧造，所以它的存世量很少。

北宋　定窑白釉刻花乾隆御制诗碗
口径 16 厘米　故宫博物院藏

这个白碗在乾隆年间很受乾隆皇帝喜欢，于是在碗上刻了他的诗。

定窑不仅仅有白瓷，还有酱釉、黑釉、绿釉等。

汝、官、哥、钧、定中，定窑是最早出现的，最早在五代就出现了，北宋初年已经大量的使用了。其次是宋代官窑，在北宋时期就有了。在北宋末年，汝窑出现了。金兵进攻时，汝窑窑场被破坏了，因此汝窑的存世量很少，从汝窑开始烧造到毁灭的时间只有 20 多年。钧窑是从金代开始创烧的，古籍上记载，“汝停钧代”，也就是汝窑停了，钧窑来代替它，因此钧窑排在汝窑之后。流传到现在的真正的哥窑都是元代烧造的，但也不排除在南宋时期，龙泉就开始烧造哥窑了。因此，按时间排序是定、官、汝、钧、哥。

北宋　定窑黑釉金彩束莲纹斗笠碗
日本 MOA 美术馆藏

宋代　定窑酱釉盖碗
口径 12 厘米　故宫博物院藏

2. 宋代定窑经常使用的装饰工艺有剔花、印花、刻花、划花，哪个工艺出现得最晚？

马未都评：提到定窑，一定要说它的工艺，定窑的工艺远比邢窑复杂。这些工艺中，印花出现得最晚。

北宋　定窑划花花卉纹洗
口径 27.7 厘米　大卫德基金会藏

刻花与划花比较，刻的力度更大、更深，生活中“刻了一刀”和“划了一下”的概念是不同的，划了一下，是薄薄的一层，是轻微的，刻一定要有力度和深度，因此刻花会比较深。剔花中的剔，是要去掉一部分，所以最深的是剔花。印花不动刀，而是使用模子，它出现得最晚。刻花、划花、剔花，都需要熟练的工匠操作，而印花照着模子印就行了。印花很节省成本，它不需要有技术的人，普通人就能制作。比如一个带花纹的碗，如果是熟练工种进行雕刻，可能一上午也无法制作两个。而印花就很便利，碗做好了软坯，印一下就有清晰的花纹，再上釉，就可以烧制了。因此印花大大提高了生产效率，增加了产量，也为白瓷的普及做出了贡献。陶瓷的工艺过程都是这样的，最终达到印花，印花是可以批量生产的。

定窑在当时并非奢侈品，宫廷与民间都能使用。宫廷使用的定窑更为精细，印花也有很精美的产品，它的模子不同，品质也不同，同一个

宋代　当阳峪窑剔花缠枝牡丹纹盘口瓶
高 40.5 厘米　观复博物馆藏

宋代　磁州窑剔花花鸟纹瓷枕
长 24.7 厘米　观复博物馆藏

北宋　定窑白釉刻花牡丹纹执壶
高 21.6 厘米　观复博物馆藏

金代　定窑白釉印花荷塘游鱼纹花口盏
口径 19.6 厘米　观复博物馆藏

覆烧法与组合支圈粘连在一起的碗

模子也会磨损，"头模"最好，也就是一开始的时候很清晰，越用越模糊，因此印花的产品质量参差不齐，是因为舍不得丢弃模子。如果做一个模子就只印一个碗，成本会更高，有些模子会印 100 个碗甚至 500 个碗，最后一个碗与第一个碗的清晰度大不相同。

定窑有一种工艺叫覆烧，也就是扣着烧制，有翻覆之意。瓷器通常是正烧的，足在底下，与平时摆放的方式相同，但是这种烧制方式有一个缺点，比较占空间。古代烧窑与今天不同，今天烧造使用电与气，环境相对整洁，而古代的煤窑很脏，煤灰弥漫，瓷器的釉在高温下是黏的，沾上飞灰就废掉了，因此要制作一个耐高温的匣钵，将碗放进去，再盖上盖子，用匣钵的温度烧制瓷器，非常浪费能源。在这种情况下，正向放置碗与盘子，十分占据空间，因此就发明了覆烧的方式，扣着烧制，用台子支起来，一个扣着另一个，这样十分节省空间。

采用覆烧还有另外一个原因，正向烧制瓷器时，圈足无釉，覆烧的时候，口上无釉。宋代非常奢侈，有很多人会在碗上镶嵌金边或银边，口上不挂釉是为了镶边。每一次技术的革新，不仅仅是人们智慧的闪现，也是社会风气推动的。

3. 元代白瓷，卵白釉又称枢府釉，请问枢府两字的本意是什么？

马未都评：枢府釉是指元代发明的卵白釉，通常在卵白釉上会写“枢府”二字，因此又称“枢府釉”。

中国古代最早的关于文物鉴定方面的著作《格古要论》中记载，“元朝烧小足印花者，内有枢府字者高”，也就是印有“枢府”二字的瓷器通常比较高级。

元朝有枢密院，相当于清朝的军机处，是国家的中枢神经。枢密院

元代　卵白釉枢府铭文印花盘
直径 16.5 厘米　大英博物馆藏

元代　枢府釉印花龙纹盘
河北省博物馆藏

元代　白釉印花太禧铭云龙纹盘
口径 17.8 厘米　故宫博物院藏

元代　枢府釉龙凤纹执壶
高 21.5 厘米　观复博物馆藏

从唐代就开始有了，宋元沿袭下来，是国家中枢神经，负责向外发布政令。“枢府”这两个字指的就是枢密院。“枢”这个字今天并不常用，仅有中枢神经与枢纽之意，而枢纽使用的是枢字的本意，“户枢不蠹”中“枢”指的是门的转轴，也就是最初的本意，后来引申为中枢。枢府釉在明清两代的记载中被推崇到很高的地位，就是因为“枢府”这两个字。

元代白釉会在器身上写明供哪个部门使用，如在盘子上，会直接写在盘心的两侧边缘，而非底部，有太禧款、东卫款、福禄款等款识。

卵白釉统称枢府釉，无论瓷器上是否有“枢府”二字，都可以称枢府釉，但在文物价值上，如果器身上有款识，就可以确定这件瓷器的价值。比如太禧款的，太禧是宫廷祭祀院的称谓，是十分重要的器物，也有其他的如东卫款、福寿款的，款式很多，但最多的是枢府款。

古玩门诊

古玩一

清康熙　五彩花卉草虫长颈瓶

这是一个长颈撇口瓶，有点像玉壶春瓶，但是有一点点区别，玉壶春的瓶颈没有这么长，或可称之为长颈玉壶春瓶。

这个瓶子上面画的是蝴蝶和蜜蜂，也叫草虫，还画了红色和黄色的牡丹，以及红色、黄色和蓝色的菊花。这是五彩花卉草虫瓶，颜色很鲜艳，有红绿彩，牡丹的形状呈双向放射形，这种牡丹叫"双犄"牡丹，如同两个犄角，年份大概在清代早期，晚清也有仿品。

这是一件康熙时期的五彩花卉草虫长颈瓶，历史上它是一个观赏品，没有什么实际功能。一般这种瓶子出现在国泰民安的时期，这件长颈瓶大概烧制于康熙中期偏后的时间，有一些外销瓷风格，也是外销风格对中国文化的影响。它的质地很好，手感略沉，瓷质白里透青，画法随意自然，整体状态十分淡定。

古玩二

清光绪　洒蓝鱼藻将军罐

这是一个将军罐，上面画了四条鱼，分别是中国的四大河鱼，古代中国人对鱼是有总结的，将军罐上带须的是鲤鱼，身上有花斑的是鳜鱼，但是画得有点像海八怪，此外两种是鲢鱼和鳙鱼（胖头鱼），鲤、鳜、鲢、鳙是中国主要的四大河鱼，这四种鱼经常出现在中国古代的瓷器上。康熙时期最流行这种风格，最愿意用这种斑点状的洒蓝，也叫雪花蓝。

清光绪时期最流行仿康熙风格，这件将军罐就是光绪时期的，是当时仿制得比较好的一件，远看非常有康熙时期的味道。康熙时期比较流行画大鱼，鱼充盈画面，尺度很大，无论从哪侧看，都是主要表现其中一条，其余三条作为辅助。此外还用金彩画了水草和小鱼，近看的时候非常漂亮，盖子上也画了三条小鱼。

莹润如脂明白瓷

明代是一个繁盛的朝代，在明代，白瓷的发展又呈现出了新的风格和特点。唐代的白瓷以素白著称，没有纹饰；宋元以后开始注重纹饰的表达；到了明代则非常强调质感。明代从元政权中夺回了汉文化，其最初的任务是复宋，因此明代对文化的追求更高一个等级，这是明代白瓷体现的思路。

白瓷最早是河北地区烧造的，到了元代，制瓷中心南移到了今天的景德镇。景德镇的客观条件非常好，有非常细腻的高岭土，它提供了制造高等白瓷的条件。

明代的白瓷有复宋的主观追求，而国家又进入盛世，白瓷迅速达到了高峰，明代白瓷更有质感，在工艺上也更加精湛。

明嘉靖　甜白釉暗刻缠枝莲纹高足碗（带旧竹编漆盒）
口径 14.4 厘米　观复博物馆藏

这是一个高足碗，有一个同时期配套的碗套。碗套是皮胎的，外面有编藤，有点像皮鼓，上面的荷叶纹略有损坏，可以进行修复，古时候可以随身携带，便于饮食。

这个碗下面有把手，可以用手握着使用，盛装食物的时候不会被烫到。这种碗型是受游牧民族启发而形成的，就是游牧民族所谓的“把碗”或“把杯”，便于边骑马边饮食，有“欲饮琵琶马上催”的感觉。

这种把碗也称高足碗，而高足碗通常用于供器，显得庄重。它的白釉质量不如永乐时期的白釉，但做工也很不错，内部有纹饰，是缠枝莲花纹，做得很精致。这种高足碗白釉碗在明代比较流行，在明初时期烧造的碗受到了元代的影响。元代的高足碗很多，一般情况下底足有竹节状，比较方便握在手中。这个高足碗是明朝中期偏后的，大约是嘉靖年间的，它是明代中后期质量较好的白瓷，但与永乐甜白瓷比较，依旧有一定的差距。

白瓷从明初到明末是一个衰落的过程，这与国家的经济有关，也与当时国家的追求有关，明初对瓷器的要求比较高。在嘉靖年间的白瓷中，这件白瓷高足碗是很不错的，内饰有很浅的纹饰，外饰光泽很好，并且放在皮套里，可以想见古人对它的重视。

从皮套的红漆的状态上看，能够判断是明代风格的红漆，它的铜饰也是明代流行的吊牌式。这是一套很难得的原封文物，还带着包装。

这是著名的僧帽壶，原本有一个盖，因为年久丢失了。这种永乐甜白的僧帽壶，在历史上是名品。它的流是敞口的，有一个专业术语叫“敞流”。现代一般的壶都是管状流，如同一根管。而敞流倒东西比较方便。

这就是著名的永乐甜白，如果近距离地观赏它，就能感受这种白色内在的表达。古人创造器物，所期望表达的内容有外在的，也有内在的。外在的一般是纹饰，这种表达很容易理解，如果画一朵花，比如盛开的牡丹，就知道它想表达一种富贵；如果画一个动物，比如一头鹿，则是在表达一种官阶，这是人的一种期盼；如果画一个人物，就很明确地知道这个人的故事，这些都属于外在的表达。

明永乐　白釉僧帽壶
高 19.7 厘米　故宫博物院藏

明宣德　红釉僧帽壶
高 20 厘米　故宫博物院藏

明宣德　青花藏文穿莲双龙纹僧帽壶
高 22.8 厘米
台北“故宫博物院”藏

内在的表达中，甜白是其中一种，让人欣赏一件没有颜色的瓷器。通常人们认为，白色是没有颜色的，其他才是颜色，但从瓷器的烧制追求来看，白色是起点，黑色是终点，中间五色杂陈，各种颜色都在其间。但即便是一个白色的瓷器，古人依然有能力来表达内在的美，这种内在表达，被文人总结成一个文学词，就叫作甜白。

僧帽壶在历史上是倒奶茶的，或者说是倒奶的，因为奶本身比较黏稠，尤其是酸奶，将奶放在茶壶里不大容易倒出来，而敞流的壶阻力很小，相对来说容易倒出来，这是游牧民族传入中原的很有情趣的壶具。

僧帽壶从元代就开始有了，在明初非常流行，著名的有红釉、白釉，还有青花的。这些僧帽壶在世界各大博物馆都有收藏。

1. 永乐甜白瓷是当时的称谓吗？

马未都评：明代的白瓷中，永乐甜白非常有名。瓷器的很多名称是文学上的称谓，白瓷是科学称谓，而甜白瓷，加了甜，是有文学的描写的，“甜”是一种内心的感受，原本是形容味觉，后来转化为视觉，形容事物很甜，这是一种通感。

永乐一朝的白瓷被后世誉为甜白瓷，在当时并没有这个称谓，甜白瓷是从明朝后期万历年间开始出现的。在明万历十七年刊载的王世懋的《窥天外乘》中有关于甜白的称谓："永乐、宣德年间内府烧造，迄今为贵。其时以鬃眼、甜白为常。”“甜白”这个词，对永乐白瓷做出了准确的文学描述。此后，人们一直将永乐白瓷称为甜白。

万历年间，白糖开始在中国出现，而白糖的制作是个提纯的过程，在此前，人们食用的都是红糖、棕糖、黄糖，这些颜色的糖，把颜色全都去掉剩下的白色的糖，是在明末才有的，因此，当时的人通过对白糖的想象，来描绘出永乐白瓷的感觉，叫甜白。由白糖联想到甜白，从而用准确的文学名字，来描述一个科学的表达。甜白是一个文学称谓，并非科学意义上的确指，比如红色是科学的说法，而鲜红则是文学表达。甜白使人们能够感受到那种白色的特别。

明初定鼎江山后，经过洪武30多年的辛苦，明朝社会趋于安定。永乐年间，一切社会秩序都恢复正常，景德镇的窑厂开始尽心尽力地为宫廷烧造瓷器，这时白瓷就出现了。

白瓷的出现也与当时的最高统治者们，如永乐皇帝的个人喜好有关，在《明太宗实录》中记载了这样一个故事，“回回结牙思进玉碗，上不受，命礼部赐钞遣还。谓尚书郑赐曰：‘朕朝夕所用中国磁器，洁素莹然，甚适于心，不必此也。况此物今府库亦有之，但朕自不用。’”这件事是说，结牙思进贡了一个玉碗，永乐皇帝不接受，命令礼部给结牙思一些钱，等于是向其购买的，而不算送礼。皇帝说，我自己每天用的都是中国瓷器，白色的瓷碗洁素莹然，非常符合我内心的要求，因此你不需要将玉碗送给我，而且在我的府库中也有这种玉碗。由此可见当时最高统治者对白瓷的喜爱。

明永乐　白釉暗花云龙纹梨式壶
高 11.9 厘米　故宫博物院藏

这是一个永乐年间暗花云龙纹的甜白梨式壶，这种壶尺度一般都比较小，像一只梨的大小，因此叫梨型壶。这种梨型壶除了有甜白的，还有红釉、蓝釉的，都是单色釉，非常漂亮。

2.德化窑历史上在中国哪个省？

马未都评：明朝的白瓷有两类特别出名，第一类是永乐甜白瓷，第二类是德化白瓷。明朝末年的德化白瓷由于向国际上输出，其名气非常大，在国际上的名声甚至大于国内。

元代以后，江西景德镇是最主要的制瓷地区，确立了瓷都的地位。与江西相邻的福建德化山区，出产一种特殊的瓷土，所制作出的瓷器非常白。德化邻近泉州港口，地理位置优越，在唐代以后是海外贸易的重要地区，尤其在明代后期，从16世纪起，中国通过海上途径，向欧洲贩售中国的三大产品：瓷器、茶叶、丝绸，海上贸易是这三种产品的主要外销渠道。邻近泉州是德化窑得天独厚的地理条件。

德化窑瓷土的可塑性强，可塑造的形象就非常多，而且它的白色也与其他白色略有不同。

明代　德化窑白釉观音
高28厘米　故宫博物院藏

明代　德化窑何朝宗达摩立像
高43厘米　故宫博物院藏

这是明代德化窑菩萨像，它表现的衣纹随风飘逸，用坚硬的瓷器来表现柔软的效果，德化窑堪称一绝。

这是故宫博物院收藏的何朝宗达摩立像，达摩的手揣在袖子里，明代德化瓷很多达摩像不塑造手，而是置于衣袖内，有的观音像也是如此，由此来体现丝绸的层次感，柔软地挂在身上的效果，这是只有德化窑才能够做到的，因为德化窑的瓷土很特殊。

下图是德化瓷白釉螭耳的三足炉，白色中带一点牙黄色，这是明代德化白瓷特有的色泽，到了清代以后就偏青。这种白色在国际上的称谓非常多，其中一个称谓叫象牙白。象牙不是纯白色，因为有一点黄才显得白，白得非常自然。还有一种说法叫猪油白，这是一种比较腻的白色。此外还有鹅绒白，西方人很早就开始使用鸭绒、鹅绒，因此对白瓷的色泽也以此来形容。还有一种白叫葱白，也是很天然的白色。

所有的白色称谓加起来，都没有一个词汇重要，这个词汇对中国瓷器产生过巨大的影响，就是“中国白”。

德化白瓷在国际上最高等级的称谓，就叫中国白。在欧洲，如果说一件瓷器是中国白，那么指的就是德化白瓷。瓷器虽然同是白色，却有诸多的不同感受和区分，这就是中国白瓷的魅力所在。

明代　德化窑白釉螭耳三足炉
高 8.1 厘米　故宫博物院藏

3.唐代泉州的开元寺是谁建的?

马未都评：泉州有一个著名的开元寺，内有唐代建造的两个塔。开元寺是武则天建造的，当时用来弘扬佛法。唐朝时候并非整个朝代都崇佛，三武一宗的灭佛运动，唐代就有两次。

武则天时期对佛教非常推崇，下令在全国各地建立皇家寺院。垂拱二年（686 年）是武则天执政时期，这是她的儿子李旦的年号，距今 1 300 多年，这一年在泉州建立了这座著名的唐代古刹。每年春天的时候，开元寺的东西两塔旁，英雄花开得非常漂亮。

在开元寺门前有一副对联，上联是“此地古称佛国”，也就是说，在中国南方泉州地区，佛教兴盛，下联是“满街都是圣人”。“满街都是圣人”有两个含义，第一个含义，是这个地方修行的人多，到处都是；第二个含义是，满街都按照高标准来要求人，这里的人都有佛教的自律素养。佛教中讲究戒律，这是很多宗教中很重要的一点，也就是说，很多事情不能做，而不是鼓励人去做什么事情，也就是说，知道什么事情不能做，这在人生中很重要。这副对联是弘一法师写的，但原本的出处是大儒王阳明。另一个说法是，这副对联是宋代大儒朱熹写的。这副对联对仗严谨工整，令人过目不忘。

开元寺位于泉州，唐代因为佛教盛兴而兴建，到了明代，泉州也是一个非常重要的瓷器贸易的港口。自唐以后，泉州是非常重要的海上通道，今天发现的很多宋代沉船，都是从泉州出港的。到了明清时期，泉州港口的吞吐量是非常大的，是中国南方一个很重要的港口，另一个重要港口在广东。因此福建和广东这两地，是古代中国海上贸易中非常强有力的港口。这个港口为古代中国做出了巨大贡献。

古玩门诊

古玩一

清后期　粉彩锦地镂空人物灯盏

这是一个锦地粉彩灯盏，可以在内部放上小蜡烛，在没有灯的晚上，它镂空部分映出来的光线会非常漂亮。历史上这种灯不是照明用的，是为了调节气氛，只需点一根蜡，室内就会弥漫着浪漫气息。古代人的房间里只有油灯，如果点根蜡烛，这个烛台会非常夺目。

这种造型并不多见，清中期以后才出现。这种带有极强装饰性的灯盏，与中国传统的灯笼很像，有点像宫灯的造型，它所有镂空的地方都传达出窗棂的特征，有金钱纹、龟背锦，所有的地子都画了非常繁复的纹饰，锦地有蓝色、粉色的，下部还有深粉色、淡绿色，整体画得很满，没有一个地方是空出来的。

灯台画片上的主题图案画了6组人物，都是双人的。而它的上部边缘露出来的蓝线，看起来不够精致，这是彩和彩之间，在烧造温度下的一种融合，工匠在这方面控制得不好，材料使用略多的时候，就会有流淌状，这是限于当时工艺所致。

这个灯台的年份大约是在清代后期。清代后期到民国初年，这类东西特别时兴，常见于富人家中。使用时要异常小心，它很容易受伤破损，不易保管。因为本身很薄，又进行了镂空，所以虽然很大，但是非常轻。通常这种灯台器型较小，这件是稍大的。

古玩二

清代　玉杆狼毫毛笔

这是个玉的毛笔杆，而笔头一端的笔杆用K金镶嵌了细小的钻石，笔头用的是狼毫毛。

它的笔杆是玉制的，通常毛笔的笔杆都是竹杆，取材天然，十分便利，而中空的部分便于塞入笔头。此外还有木质的笔杆，使用优良的木材，甚至有漆器、象牙、玉等材质的。玉制的笔杆并不多见，玉是石质的，分量较重，写字不是很方便，不过比较适合用来练字，使写出的字笔力更加踏实，如果再换成普通毛笔，就会游刃有余了，如同练习跑步时在腿上捆绑沙袋。

这件笔杆大致是清代的，此笔杆末端较细，可能是受玉料本身的限制。末端较细，对于写字的人来说，不是太舒服。虽然笔杆年份较早，但笔杆上的镶金、镶钻以及狼毫毛的笔头，年份较少。

艺高神似清白瓷

中国的制瓷技术积累了数千年的经验后，到了清代可谓登峰造极。清朝皇帝非常重视制瓷，督陶官的管理制度也相得益彰。因为受到了重视，清代整体的制瓷工艺非常好。

中国陶瓷到了清代，从制瓷工艺上讲，已经达到了游刃有余的境界，所以制造白瓷非常容易，不需要像前朝那样努力。但也由于技术的娴熟，清代对白瓷的认知反而下降，如同人们在谈恋爱时候的热情永远高于结婚以后，由于工艺的娴熟，清代对白瓷的追求，远不如对其他品种的追求强烈，所以清代白瓷就不如明代有内涵，从其内在的表现上看，远不如明代永乐的甜白。

清康熙　德化窑刻花双兽耳筒瓶

高 37 厘米　观复博物馆藏

上页是一个清初德化白瓷筒瓶。它很有分量，内部有使用过的痕迹。这是一个陈设瓷，用来装饰，可以插花，也可以欣赏。它的双兽耳是两个风格卡通的狮子，整体瓷器颜色白中泛青。

德化白瓷从明代到清代的过程，就是一个由牙黄到蛋青的过程，通过泛青的颜色，就可以判断这是清朝的，明代的德化窑都泛黄。

清代，尤其在清初，非常流行筒瓶，因为它被赋予了政治含义，叫“大清天下一统”。德化白瓷在现代国内并不常见，因为古时候出口较多，留在国内的就少了，同时清朝人认为，德化不是主窑场，对德化白瓷不够重视，因此它的社会地位不高。

这件白瓷明确地反映了德化白瓷在清初的制造质量和制作能力，在瓷器上有瓷塑，两个耳朵先用模子做出来，再粘上去，表面有暗刻花纹，器身上有大面积的留白，之所以没刻满，是为了表达瓷器的白色，工匠认为这种白色是最美的，所以没有刻满。

现代人对白色的感受，不如对其他颜色的感受强烈，如果这件瓷瓶是红、绿、蓝色，就可以发挥想象来形容它，但白色却无法想象，因为白瓶子太简单了，有些人甚至会认为它是半成品。但在三四百年前中国

明代　德化窑白釉象耳弦纹尊
高 26.2 厘米　故宫博物院藏

清顺治十年　青花山水纹筒瓶
高 44.4 厘米　上海博物馆藏

人的文化追求中，白是一种很重要的颜色表达。

18 世纪以后，陶瓷的主要出口被景德镇承担，德化白瓷呈现下降趋势。到了 19 世纪、20 世纪以后，德化白瓷数量就开始减少。到了近代，人们对德化白瓷的了解更少了，这时主要流行彩瓷。中国人大部分审美是比较流俗的，喜欢与世俗挂钩，在此情况下，白瓷就越来越不受重视，逐渐退出了中国市场。

下图是一件清雍正时期的白釉沥粉龙凤纹梅瓶。这个瓶在近距离观赏时，显得粉白。梅瓶是中国陶瓷的第一造型，这是雍正年间的白釉的梅瓶，其纹样是用沥粉的方式制作的。沥粉大致类似制作蛋糕时候挤上“生日快乐”几个字，这种方式就被称为“沥粉”。

通过这样一件清代雍正年间的白瓷，我们了解了白瓷的发展过程。北齐时（公元 575 年）中国人开始使用白瓷，那时候中国人就能烧造很白的白瓷了。而当时的欧洲也是文明的发祥地，但是要想达到中国的水平，至少有 1000 年的路要走。

唐代邢窑烧造的白瓷，在今天来看也无懈可击，它用一种光素表达美，是唐朝最高规格的审美。到了宋代，宋人开始在白瓷上做文章，

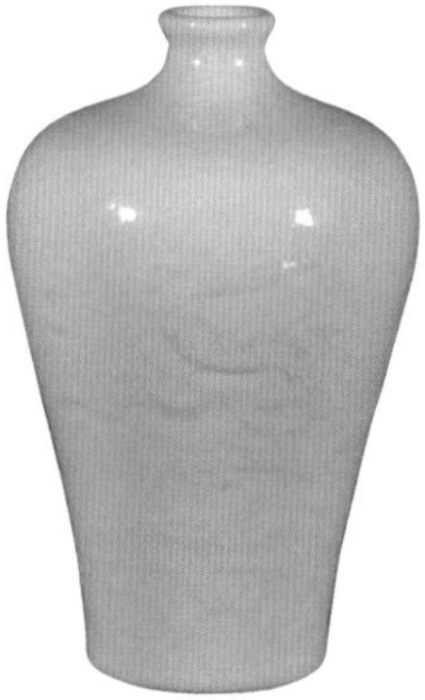

清雍正　白釉沥粉龙凤纹梅瓶
高 22.4 厘米　观复博物馆藏

北齐　白釉四系罐
范粹墓出土　河南博物院藏

唐代　邢窑白釉万年罐
高 18.3 厘米　观复博物馆藏

北宋　定窑白釉刻花花卉纹凤首盘口壶
高 42.2 厘米　观复博物馆藏

元代　白釉暗刻飞雁纹匜
长 16.7 厘米　观复博物馆藏

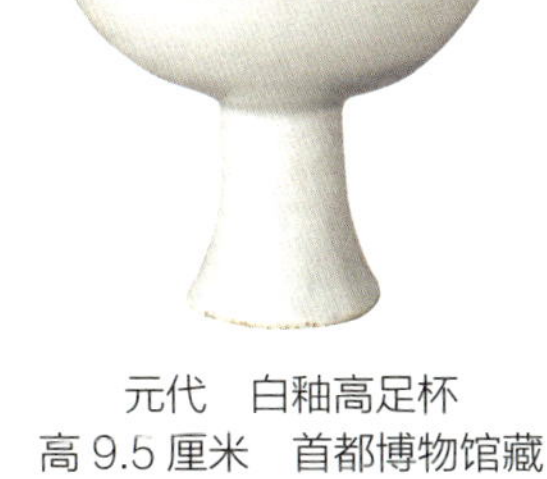

元代　白釉高足杯
高 9.5 厘米　首都博物馆藏

清雍正　白釉堆花蟠蛇纹吊篮
高 38.4 厘米

清乾隆　白釉鹿头尊
高 45 厘米　香港苏富比

用刀刻竹画，包括印花，为白瓷平添了很多的文化和乐趣。元代以后，白瓷移到景德镇生产。景德镇最早的元代白瓷泛青色，逐渐摆脱了青而泛白。

永乐时期的甜白瓷闻名全世界，明朝后面的德化白瓷，对全世界产生了深远的影响。

进入清朝康雍乾三朝盛世，中国工匠在国家大环境的支持下，让白瓷的制造登峰造极。

这件白瓷作品，只有贴近它时，才能感受其内在散发的魅力。它很接近于永乐甜白，在瓶子底下写着“永乐年制”，这是雍正一朝对永乐白瓷的尊重。

1.在明清皇家祭祀中，白瓷是用来祭祀什么的？

马未都评：中国古代有一种非常重要的仪式，不仅是个人在进行，国家也在做，这种仪式叫祭祀。祭祀是表达一个民族对神灵、对过往的认可，所以祭祀时候，礼仪变得非常重要。

在宋代以后，中国很多祭祀品都用瓷器制作，中国是瓷器大国。明清以后，瓷器的颜色就成了祭祀器的定制。一般来说，皇天后土，日升月恒，天地日月是祭祀中非常重要的四项内容，相对应的就是蓝、黄、红、白四种颜色。红色是祭日的，黄色是祭土的，也就是祭地的，蓝色是祭天的。今天北京很重要的祭祀场所，首推天坛，其次是地坛、日坛、月坛，天坛的顶部是蓝色的，四个祭祀坛的颜色，都与祭祀的基本颜色相吻合。

《大清会典》中记载：夕月祭器其色用白，祭器有：白璧一、陶爵三、盏三十、登一、铏二、簠二、簋二、笾十、豆十、篚一、俎一、尊一。

这些瓷器都是有定制的，皇家祭祀有严谨的定式，是一种规矩。这种规矩是祖上留下来的，尽管在历史的进程中有所变化，但大家都在遵守这种规矩。

清代　月白釉牲耳尊

这个牲耳尊是清代祭祀中使用的，这种淡淡的蓝叫月白色，是祭月的。今天所说的“牺牲”，就是用动物做祭品，在祭祀时宰杀一些动物。

这种祭祀在明清两代，是严格按照规定执行的，所以当人们看到典型的祭器，马上就知道它用来祭什么。中国人祭祀的时间也是有规定的，比如祭日的时候是春天，祭月的时候就是秋天，一般都是在中秋的时候祭月。

2. 朗唫阁是雍正皇帝即位前的府邸还是即位后的府邸？

马未都评：清代白瓷最好的烧造时期是雍正时期，雍正皇帝继位的时候已 45 岁。这对于一个人来说，是心智上的最好年龄，但体力上已经开始走下坡路了，人体力最好的时候是二三十岁的时候。与康熙皇帝幼年即位、乾隆皇帝青年即位相比，雍正皇帝是中年即位，在即位前，他有很长一段时间对艺术有追求，所以雍正皇帝的艺术修养是清朝皇帝里最高的。

朗唫阁是雍正皇帝即位前在圆明园的府邸，“朗唫阁”典出吕洞宾的一个诗句，“朗唫飞过洞庭湖”，雍正皇帝取这个含义，给自己的私宅起了一个堂号，叫朗唫阁。雍正皇帝在当皇子的时候在朗唫阁做过诗。

《秋日登朗唫阁寓目》是雍正皇帝的诗：“缥缈遥峰带夕曛，晴光历历望中分，桥移虹影当溪卧，风度蝉声隔岸闻，数片晚霞三径菊，一潭秋水半床云，高亭避暑才吟罢，又听金飙送雁群。”

这首诗歌的文学技巧很不错。古代的诗歌都有诗眼，在这首诗里，最精彩的是第四句，“风度蝉声隔岸闻”。这时候蝉声已经不像夏天似的，到处都是蝉声鼓噪，到了秋天，只能听到隔着岸传来的隐隐约约蝉声，表明夏天已经过去，秋天已经来临。这里诗里写了晚霞、秋水，都是诗歌中严谨的对仗。

雍正皇帝是中年即位，所以心智各个方面相对来说会更加成熟一些，他很重视瓷器，尤其是白瓷。

人们很难体会白瓷的美感，很难在如此简单的要素中找到它最优美的地方，因此清代白瓷在雍正时期烧得最好，是与雍正皇帝的要求分不开的，他要求白瓷是具有表达力的白瓷。即使在现代，人们也很难说清白瓷的奥妙在哪里。

通常人们说孩子的皮肤白，不是越白越好、面无血色，而是白里透红，这与雍正白瓷颜色接近，如果明白了肤白，就能理解雍正白瓷，它是自内而外地透着的白。

前面提到的故宫博物院藏的明永乐白釉僧帽壶就是雍亲王在即位前使用的瓷器，通过那个壶可以感受到雍正当年的审美。这种审美也与性格有关。年轻人喜欢颜色跳跃的东西，但是慢慢地随着年长，他会喜欢一些平缓的东西。年龄对于一个人的审美很重要，阅历更重要，随着年龄的增长，人的阅历也在不断增长，这不是天生就有的，但是对人的成长有很大的帮助。

3.清代白瓷仿过宋代定窑白瓷吗？

马未都评：清代人到了雍正乾隆时期，江山平定、物阜民丰，当时国家烧造瓷器的水平达到了中国历史上的顶峰，后代不可企及。当时景德镇的瓷器以仿各种瓷器为荣，历史上出现过的名瓷，雍正一朝都仿过，定窑当然也不例外。

雍正十三年唐英撰写的《陶成纪事碑》中，记载了57种瓷器品种，与白釉有关的有这几种，“一仿白定釉（只仿粉定一种）一仿永乐窑脱胎素白锥拱等器皿，一仿宜窑填白器皿，有厚薄大小不等。”

清代景德镇的制瓷工艺仿了宋代的定窑，这种瓷器在现代很容易辨认，一看就知道是清代仿宋代的，即使在今天，这些依然是非常有价值的文物。

清康熙　白釉凸花团螭纹太白尊
足径 12.8 厘米　故宫博物院藏

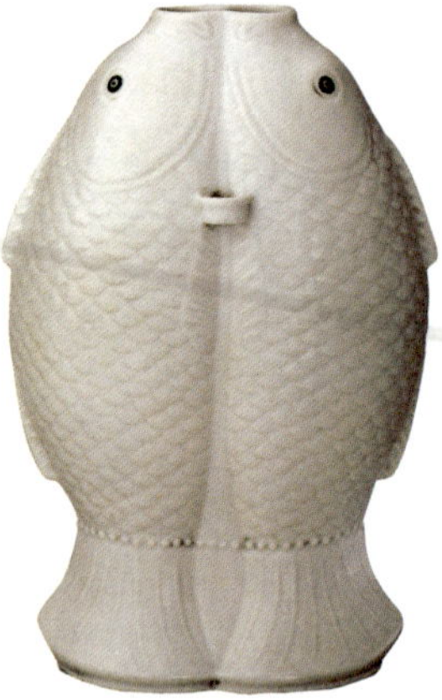

清雍正　白釉双鱼瓶

这是康熙的白釉团螭纹的太白尊，中间雕刻了一个螭纹。

这是雍正的白瓷，白釉双鱼纹瓶，有仿定窑的工艺感。宋定窑是带大量刻工的，这个双鱼瓶就是带有刻工的，双鱼是宋代比较流行的一种造型。

当时清朝的国力，也就是18世纪雍正、乾隆时期的国力，在世界上是最强国，中国所占的当时世界GDP的比重，超过了今天美国在全世界占的比重，当时是当之无愧的世界经济最强国。因为有经济强国的这一基础，所以景德镇瓷器的烧造在整体上达到了最高峰，不仅仅在数量上，还有在品种上。

每一个瓷器品种，雍正和乾隆时期都做过尝试，工匠们都能够非常准确地将其仿制出来。以至于今天的博物馆里，很多的藏品都有可能是清朝雍正、乾隆年间仿造的。

清康熙　白釉铃铛式杯
高7.6厘米

清雍正　白釉凸莲瓣花口瓶
故宫博物院藏

清乾隆　白釉碗
直径14.5厘米

当时仿造的条件比今天的条件更好一些，但仿制并不是偷懒，而是一种创新，一种对技术的挑战，也是对前人文化的尊重，此外，也想显示自己的力量，达到前人的高度。

这是康熙一朝的白瓷，它比较亮和硬，而康熙一朝从政治上讲是非常强硬的，正是因为这种强硬，才有了后来清朝的广阔的江山。

雍正一朝的白瓷比较腻，与永乐甜白比起来，甜味有点过了。

乾隆一朝的白瓷做得有点薄。因为白瓷做得太娴熟了，就放弃了内在的追求，所以乾隆白瓷的工艺做得非常好，但味道就不够了。

古玩门诊

古玩一

清初期　梅花形人物金饰（一组 12 枚）

这是一组金饰，共有 12 个，每个画面都不同，其黄金的含量大概在 80%~90% 左右，不是最纯的。从商代开始，黄金变得非常重要，金饰作为皇家和贵族的一般装饰经常被使用。流传到今天最多的金饰往往都在带扣上，比如皮带，在中间有一些衬物，最高级的衬物可能衬上玉，也可能是木制的，作为带板。

这组金饰不是腰带上的带扣，第一，它是圆的，边缘呈梅花形；第二，背后镶嵌的方法是一种很松弛、自如的镶嵌方法，没有折过来、扣住的感觉。

清代人的生活相对富裕，而这种金饰是富人身上的装饰品。虽然不清楚它的用途，但通过图案和形制可以判断，它的年份大致在明末清初。

这些金饰成批出现，可能是同一个作坊制作的，有很清晰的模印，这并不是用一种简单的锤揲方法制成的，而是有模具的。其中有的构图是一座房子和一棵树，从其人物的布局、建筑和植物的关系上看，很像明朝末年和清代初年的版画构图。这个时期的金饰物，在民间也使用得比较多，在一些小说，如《金瓶梅》《红楼梦》中，都有类似的描述，提到人们身上佩戴的东西。这些金饰分量较薄，应该是镶嵌起来，随身佩戴的。

清代的金器存世不多，因为金器随时可以化掉变钱。在生活窘迫时，人们会将金饰熔掉变成钱，因此这些金饰能够保留到今天，十分不容易。

古玩二

清乾隆　狮子滚绣球铜鎏金皮带扣

这是一个皮带扣，它的扣制的方法在明清非常流行，扣得很牢固。现代的皮带扣都非常笨拙，需要外勒着扎眼，而这件皮带扣非常巧妙，通过阴阳口的舌头，插入后就不容易打开。只不过皮带的长度要事先调整好，无法临时调整。

这个带扣的图案是狮子，共有4个狮子，还有绣球。它的分量比较重，但并非纯金，更像是鎏金的，在背面有露铜的痕迹，而且纯金要更重一些，它的具体成分还有待称量分析。

这是一个清朝乾隆年间的皮带扣，是用来炫富的，可能是佩戴在官员身上的，也可能是有钱人佩戴在腰间的。在清代，皮带扣已经变得非常实用了，与战国到西汉时期的带扣有点不同，清代的带扣就是作为束腰用的，从皮带扣后面的襻上能看得很清楚，不管是皮带还是丝带，都可以从襻子上束紧，然后直接扣上。

这种金带扣理论上讲很常见，但保存这么好的不常见，大部分都有磕碰磨损，这件带扣状态非常新，似乎没有经常使用，到今天依旧十分漂亮。

盛世霓裳话唐服

唐朝可以一分为二地看，以安史之乱为界，前面都是盛世气象，安史之乱以后，唐朝长期陷入混乱，后面100多年没能恢复过来。

唐朝前期各个制度都非常成熟。在政治上非常成熟，讲究德行兼备，以德治国与以法治国并行。在外交上，有文有武，张弛有度。在制度上，建立了三省六部制，实行科举，这是制度成熟的体现。在经济上，有均田制、租庸调制相匹配，大唐的经济繁荣是有目共睹的。在文化上，唐诗与歌舞非常盛行。唐朝在社会的各个层面都显出了非常成熟的一面。唐朝的衣食住行中，最直观的就是唐朝艳丽的服饰和妆容。

这是一个唐代的粉盒，是唐朝妇女化妆用品。唐代妇女非常注重妆容，化妆是其生活中的重要部分。但是唐代的妆容与今天的社会需求不同。唐代经常是浓妆艳抹，因此用于化妆的文物就比较多。

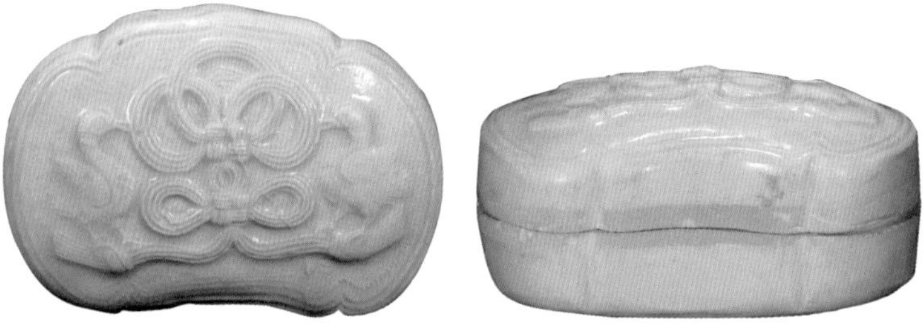

唐代　邢窑白釉鸂鶒绶带纹如意形粉盒
长9.4厘米　观复博物馆藏

这个唐代粉盒使用当时最好的白瓷制作而成，非常白皙，上面的纹饰十分清晰。盒盖上的两只鸟叫鸂鶒，类似于鸳鸯，是一种水鸟。今天所说的鸡翅木，其中“鸡翅”就是由鸂鶒演化而来的。这两只鸂鶒站在一条丝带上，丝带系成花结作为装饰。这是早期中国结的形象。通过这个粉盒，可以感受到唐代的妆容，想象与之相配的服饰。

唐代　三彩文官俑
高 73 厘米　观复博物馆藏

这是一个唐代的文官形象，它宽衣大袖，从侧面还可以看到优美的腰身，前突后撅。从这个文官的形象，可以看到大唐时期的服装风貌，同时它也表达了大唐的自信。

唐朝在中国历史上举足轻重，是中国中古历史上最重要的朝代，时间将近 300 年，中间被安史之乱一刀腰斩为两截，这两截历史不仅仅为后人提供了大量的历史的信息，也给予了很多历史教训。今天了解唐代衣食住行，不只是让人记住那个时代的大好时光和文化，更重要的是记住历史教训。

1.何为衣，何为裳？

马未都评：古代各个朝代的衣服在其文化的行进当中会有所改变，而今天生活中非常熟悉的词汇，可能与古代有所不同。今天所说的“衣裳”是个双音词，一般连读的时候都读衣裳（shang），但在古代，“裳”字单独读的时候读裳（cháng），也就是衣裳（yī cháng）。衣裳中，“衣”是指上半身的衣服，下半身的裙子叫“裳”。

杜甫的《闻官军收河南河北》：“剑外忽传收蓟北，初闻涕泪满衣裳。却看妻子愁何在，漫卷诗书喜欲狂。白日放歌须纵酒，青春作伴好还乡。即从巴峡穿巫峡，便下襄阳向洛阳。”

在这首诗中，“剑外忽传收蓟北，初闻涕泪满衣裳”，意思是在安史之乱以后，杜甫在他乡颠沛流离，突然听到了河南、河北的失地被收复，激动地流下了眼泪，哭湿了全身的衣裳。在古代汉语中，读作“衣裳”（yī cháng），用来押韵，同时说明当时的衣和裳是分开的。

在唐代，尤以杨贵妃为代表，体态都比较丰满，因此唐代女子的服装的特点就是比较宽松，不会那么凹凸有致，这是逐渐形成的。初唐时期，衣服是比较窄的，袖口也比较窄，带有一些游牧民族的特征，而汉民族的服装宽松，是因为生活的状态比较松闲，其服装也非常宽大。

初唐　舞乐屏风 局部
新疆维吾尔自治区博物馆藏

唐代　木框联屏
新疆维吾尔自治区博物馆藏

唐代　舞女俑
高 31 厘米　新疆维吾尔自治区博物馆藏

初唐时期的服饰，袖比较细，裙也比较瘦，体态很优雅。

后来唐服的袖子开始变宽松，脸上有酒晕妆。

这是新疆出土的雕塑，与上图从妆容上讲非常接近，都显出唐代服装的特点。

2.《新唐书·舆服志》中规定，唐代贵族女子的裙子可以拖地多长？

马未都评：当一个社会奢华到极点的时候，往往都有限制，裙子拖地本身就很奢侈。《新唐书·舆服志》中记载“妇人裙不过五幅，曳地不过三寸，襦袖不过一尺五寸。”也就是裙不过 5 幅，幅就是布幅，也就是面宽。“曳”是拖拉拽的意思。一件裙子拖在地上的部分有 3 寸长，落地时会显得非常大。设置这种规定，是因为唐代后来的服饰越做越大，越做越夸张、浪费，因此限制了 1 尺 5 寸的制度。

在《簪花仕女图》中，裙子的拖地可能是要超过 3 寸，但也不会超过得太多。裙子接地的部分约有 1 尺长。

唐代　周昉《簪花仕女图》
长 46 厘米　宽 180 厘米　辽宁省博物馆藏

唐代　张萱《捣练图》(局部)

这是《捣练图》，图中画的都是贵族妇女，可见贵族穿的服装极为奢华，其中妇女裙子着地约有 3 寸。

唐书中有《舆服志》，就是因为当时有很多规定。皇帝从唐代开始用黄色，百官往下则依次使用紫色、绯色（浅红）、绿色、青色，百姓则用白色。

唐代的服装在王侯一级中有严格规定，原本唐代服装有宫服、宴服、常服、祭服等，祭服就是丧葬时候穿的。在盛唐时期，衣着比较暴露，在安史之乱前，唐朝人心胸十分开阔。有学者认为，安史之乱是导致此后中国成为封闭社会的主要原因。从初唐到盛唐，唐朝人心态是开放的，服装相对暴露，而当生活状况不佳的时候，人们的穿着不会太暴露。

3. 高力士为李白脱靴的故事很有名，李白的靴子是什么颜色？

马未都评：过去有一句老话，“脚上没鞋穷半截”，在古代，古人的鞋非常讲究，即使在现代，一双鞋的价钱通常也超过衣服。好鞋非常贵，而在古代，也有好鞋。

高力士给李白脱靴的故事流传很广，在史籍上也有记载。李白是个放荡不羁的文人，他的诗歌蕴含着非常强的情感表达。李白在上朝后，借酒仗胆，让高力士为他脱靴子，所穿的靴子是黑色的。

《旧唐书·舆服志》中记载：“其常服，赤黄袍衫，折上头巾，九环带，六合靴，皆起自魏周，便于戎事。……乌皮六合靴，贵贱通用。”六合靴是由六块皮子缝在一起的，乌皮也就是黑色的皮革。九环带是指带上有九个环，也叫提携，或者蹀躞带，在腰带上面可以拴住各种东西，如刀、荷包等。六合靴皆源起自魏周。便于戎事，说明穿靴子是为了方便打仗，因为在骑马的时候，穿靴子可以护住小腿，避免被蹭伤。由此

初唐 （蹀躞）永泰公主墓石椁内雕饰

可见，靴是从游牧民族传入的，最初汉人很少穿靴，进行农耕穿普通的鞋就可以了，而游牧民族将穿靴文化传入了中原，这在《唐书》中有明确的记载。

下图中人穿的就是六合靴，十分精神，靴子是黑色的，可能也有其他颜色的，但是不太常见，因为黑色的比较精神，在古代很流行，流传到今天的画中人大部分都是穿黑色的靴子，尤其在文字上又有“乌皮”的记载。但是普通百姓一般是穿各种材料的普通鞋子，如布鞋、麻鞋等。

唐代　阎立本 《步辇图》(局部)

古玩门诊

古玩一

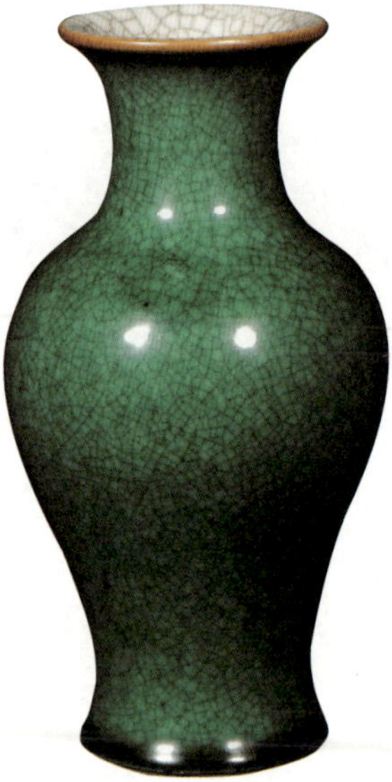

清中期　郎窑绿观音瓶

这是一个观音瓶，这种颜色在生活中很少见，是清代最为流行的造型。从造型上看，它更像是乾隆时期而非康熙时期的，康熙时期的造型中，肩部通常相对较瘦，不会如此丰满。此外，此观音瓶有开片，在口上除了开片还有酱口，在底部也有开片，这是郎窑的特征。郎窑的底部有两种，一种是苹果青，另一种就是这种细碎的开片，有一点像哥窑，但又跟哥窑有区别。由此判断，这件观音瓶是清代中早期的，不像是康熙年间的，大概是雍正到乾隆这个时期的。

它的绿釉玻璃感极强，这也是郎窑的特征。这种小瓶的细碎开片非常像苍蝇翅膀，因此这种感觉被古玩行称为“苍蝇翅”。

古玩二

清康熙　青花瑞兽将军罐

这是一个将军罐，它的脖颈上画的是琴棋书画，在器身上画了很多漂亮的瑞兽。有飞龙、狮子、独角兽等等，这些都是祥瑞之兽。

中国古人画的很多瑞兽都是只存在于《山海经》等书中的图形，名字十分难认。

这种瑞兽是康熙前期最流行的，康熙前期，社会长时间处在动荡中，满族人和汉族人之间的矛盾短期不能化解，每个人的心态都不好，所以康熙时期非常流行画瑞兽，很多家具上都雕刻着瑞兽纹。

康熙时期雕满了瑞兽，没有几只能叫出名来，有的像是飞马，有的不是简单的海八怪。海八怪都是在海水中画各种蚌和怪鱼。

这上面的一个瑞兽十分像龙，在脖颈处，有一层层的鳞片。传说龙有九似，也就是说，龙像九种动物，比如鹰爪、虎掌、虾眼（鹰眼）、鱼鳞等等，不同部位像不同动物。龙腹部像蜃，蜃像蛤蜊，将蛤蜊壳打开，就是一层一层的。康熙时期的瑞兽画得比较典型，非常凶猛、孔武有力，十分有威慑力，这都是康熙年间动物的特点，与日常生活中的动物不同的是，瑞兽的神态介乎于动物和神兽之间。

盛世大唐话饮食

唐朝的文化非常多元，与各民族以及周边各个国家交流得非常多。中国历史上凡是比较富裕的朝代，都给百姓带来很多好处。对于百姓来说最简单的好处就是吃，民以食为天。中国是一个多民族国家，历史上与国外的交往也很多，所以中国的饮食也非常多样和复杂。

今天走遍中国的大江南北，各地都有特色小吃，有其独特的饮食文化，而在 1 000 多年前的唐朝，也是这样。

唐代　孔雀石雕凤纹角杯
长 10.6 厘米　观复博物馆藏

这是一个角杯，在现代这种角杯并不常见。但至少在 2 000 年前的西亚、埃及、希腊这些地区都能够找到角杯。它是用动物的角来制作的杯子。动物的角都是中空的，可以当杯子使用，后来人们使用金属和木器来仿制角杯。

这个角杯是用一种叫孔雀石的石材做成的，唐代这种石质的文物很多，但石质的角杯并不多见。这种石质在明亮的光线下是透光的，很漂亮。此外，孔雀纹也是唐代非常流行的纹样。

这种角杯在当时是用来喝酒的。在何家村出土了一个唐代玛瑙羚羊角杯，它的一头有一个小孔，能够将液体放出来。专家认为，这是受到了萨珊文化中“来通”的影响。在中国古代，人们不经常用嘴去吸吮杯口，因为这样极其不雅观，不庄重。如果角杯的一端有盖子，一旦拔开，液体很稀的时候就会喷洒出来，只有奶昔这种黏稠度较高的饮品才能够使用吸吮的方式慢慢喝下。

公元前 400~前 300 年 古希腊 马头角杯
长 21.25 厘米　大英博物馆藏

公元前 500~前 480 年 古希腊 人物角杯
高 24.13 厘米　大英博物馆藏

唐代　镶金兽首玛瑙杯
长 15.6 厘米　陕西历史博物馆藏

清乾隆　黄杨木仿犀角雕杯
高 16.5 厘米　香港苏富比

唐代　越窑青釉莲瓣纹椭圆形高足碗
口径 17.2 厘米　观复博物馆藏

这个角杯大致是用来喝葡萄酒的，与甘肃省流传的夜光杯在石质上很相似，只是夜光杯的颜色更绿一些。所谓的夜光杯，并不是它自身发光，而是在一定的光线下可以反光。

这是一个椭圆形的莲瓣高足碗，从它高足的功能性看，并不是饮食器皿。高足碗一般用于陈设供品，其做工非常精美，受到了西域文化的影响，做成金属造型。瓷器做成这种造型非常不容易，而金属做成这样就很容易，简单敲击就能够制作。

碗中间的花瓣形的是莲花，这种椭圆形的高足碗是越窑烧造的，在唐代，越窑瓷器是中国江南地区最漂亮的陶瓷，北方最漂亮的是邢窑白瓷。

这种越窑的花瓣形高足供碗，流传到今天的很少见，即使在博物馆中也并不多。这件文物，体现了唐代社会的繁华，吃已经不仅仅是一种生理要求，更多地体现了一种食物以外的精神追求。

1.葡萄酒最早是哪个国家酿造的？

马未都评：葡萄酒最早的原产国是波斯，也就是今天的伊朗。葡萄其性较阴，不宜多食，吃多了对胃肠不好。葡萄的品种有 8 000 多种，但一般属类只有几十种。葡萄通常的食用方式也分几类，一类是生吃的，一类是酿酒的，一类是晒葡萄干的，一类是榨汁的，还有一类是做罐头。

唐代的葡萄酒经过丝绸之路从波斯传入中国，是一种新品种的酒。《唐会要·杂录》中记载："葡萄酒，西域有之，前世或有贡献。及破高昌，收马乳葡萄实，于苑中种之，并得其酒法，自损益造酒。酒成，凡有八色，芳香酷烈，味兼醍醐。既颁赐群臣，京中始识其味。"也就是说，在前朝的时候，葡萄酒是被人当贡品贡过来的，唐破高昌以后，收"马乳葡萄实"，也就是青色的马奶葡萄，葡萄粒呈长形。这种葡萄开始在中国种植，并得到了酿酒方法，这说明中国从唐朝就开始酿造葡萄酒了。因此，在唐代的诗歌中，有很多与葡萄酒有关的诗句。最典型的是唐代诗人王翰写的《凉州词》："葡萄美酒夜光杯，欲饮琵琶马上催。醉卧沙场君莫笑，古来征战几人回。"

葡萄酒在唐代流行基于两个原因。第一，它是一种新引进的酒，因为新奇，受到公众的喜欢。第二，葡萄酒的颜色十分诱人，在透光的时候很具有诱惑性。专业的红葡萄酒要脱色脱糖，降低甜度，唐代葡萄酒作为一种高端酒类，是非

唐代　海兽葡萄纹铜镜

常时尚的，而在文物中，也有大量与葡萄有关的文物，比如唐代著名的镜子——海兽葡萄镜。中国人对多子的东西都感兴趣，比如石榴、青蛙，这些寓意多子多福。海兽就是狮子，也是从西域传入的，因此将海兽与葡萄放在一起，成为唐代最为流行的纹样。

2. 菠菜是从什么时期传入中国的？

马未都评：菠菜传入中国是有文献记载的。《新唐书》中有："西域上泥婆罗（今尼泊尔南部），直吐蕃之西乐陵川……（贞观）二十一年，遣使入献波棱、酢菜、浑提葱。""（贞观）二十一年"是唐初，尼泊尔遣使节到唐朝来，献上了三种蔬菜。第一种蔬菜叫波棱，就是菠菜。第

菠菜

二种叫酢菜，就是今天在中国任何地方都可以吃到的榨菜，第三种是浑提葱，就是今天的莴苣。有学者认为，虽然菠菜是由使节从尼泊尔带入中国的，但其原产于波斯，因此菠菜在历史上还有一个名字，叫“波斯菜”。而中国人后来在“波”字上面又加了一个草字头，在文化的进程当中，向中华文化融合。

菠菜让人想到一个典故——“红嘴绿鹦哥”。据说乾隆下江南，路上十分饥饿，因此就到了一个农户家。农妇非常贫苦，切了两块豆腐，用油炸了一下，然后用菠菜做了一碗汤。乾隆认为这道菜味道鲜美，问这道菜的名字，农妇灵机一动，说这道菜叫“金镶白玉板，红嘴绿鹦哥”。乾隆皇帝回宫以后，还想着这两句话，就直接下旨对后厨说，照样做出这个菜来，厨师很为难，不明白是什么菜，其实就是菠菜豆腐汤。

中国历史上有很多外来的物种，而汉朝、唐朝和明朝时期的海外货物贸易最多。由于这种贸易机会，才将外来物种大量引入中国。

3. 在唐代，冷淘是一种什么食品？

马未都评：冷淘是一种冷面，从字面上看，冷一定是个凉的东西，淘是在水中反复冲的过程，冷淘就是在水中反复冲淘。冷面是夏天食用的一种过水面，将面用凉水冲淘几遍，才能让它彻底凉下来。

大诗人杜甫在最落魄的时候，写过《槐叶冷淘》：“青青高槐叶，采掇付中厨。新面来近市，汁滓宛相俱。入鼎资过热，加餐愁欲无。碧鲜俱照箸，香饭兼苞芦。经齿冷于雪，劝人投此珠。愿随金騕袅，走置锦屠苏。路远思恐泥，兴深终不渝。献芹则小小，荐藻明区区。万里露寒殿，开冰清玉壶。君王纳凉晚，此味亦时须。”这是将面淘得很凉，再进行食用。这首诗体现了唐代的生活细节，这是在文献记载中找到的最早的冷面吃法，可作为一个佐证。

这都是新疆出土的面点，其点心的花形，与现代的很多点心没什么

唐代　花式面点和饺子
阿斯塔纳墓地出土

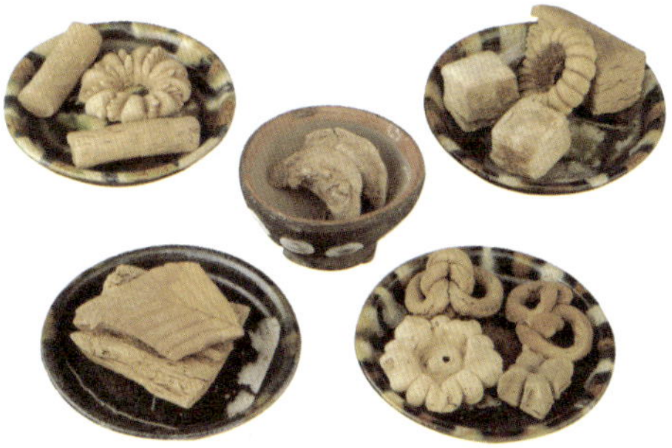

唐代　花式面点和饺子
阿斯塔纳墓地出土

唐代　馄饨
阿斯塔纳墓出土

唐代　花式点心　面粉制成
阿斯塔纳墓地出土

唐代　饺子
阿斯塔纳墓地出土

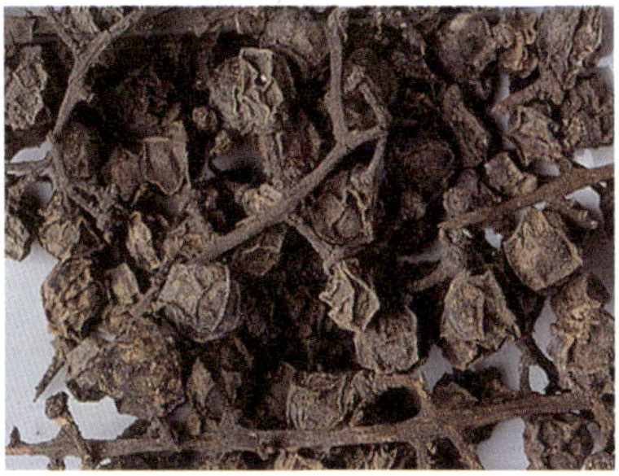

唐代　葡萄
阿斯塔纳墓地出土

区别，花形十分诱人，可见唐代面食的发达。新疆干燥，所以这些东西能够保存到今天，让人们目睹 1 000 多年以前中国人的杰作。

在今天的西北地区，面食依旧非常受欢迎，西安有很多种面食，如羊肉泡馍，又称“苍蝇头”，需要将用来泡的馍掰成小块，以便入味，味道十分鲜美。西北的面食，尤其是干烙的方式，比如馕和馍这种火烧类的，烙熟了可以存放两三个月，有的甚至半年都还可以食用。不论多硬，用水泡过就能吃，但米是不能这样存储的，因此在唐代，米没有像面食一样成为主食。

唐代　劳作女泥俑群
新疆维吾尔自治区博物馆藏

唐代　劳作女泥俑群
新疆维吾尔自治区博物馆藏

唐代　劳作女泥俑群
新疆维吾尔自治区博物馆藏

唐代　劳作女泥俑群
新疆维吾尔自治区博物馆藏

唐代　劳作女泥俑群
新疆维吾尔自治区博物馆藏

古玩门诊

古玩一

清末民初　粉彩博古纹捧盒

这是一个大捧盒，一般用来装点心，也可能装其他物品。底部带有“光绪年制”的底款，捧盒表面写着“圆以象天，方以象地，饶有古风，雅人深致。戴裕成做”。戴裕成在清末民初有点名气，他所画的博古与西太后时期清供的绘画很相似。清供就是将一些雅致的物品画在一起，在春节时期挂起来，内容包括菊花、佛手、古董、掸子、插花之类的，因此清供也称博古插花，从清晚期到民国初年，每到年节，清供绘画的器物就会成为商品，不管是绘画，还是大捧盒。

这件捧盒在当时算是很讲究的商品，捧盒的尺寸是偏大的，它的内容很丰富，三个圆的叫连中三元，还有菊花、梅花、萝卜、瓜等。

古玩二

新中国成立　银烧蓝花鸟瓜棱形盖罐

这是一个银烧蓝花鸟瓜棱形盖罐，内部是桶状的，盖子很严。银子不是银色的，因为含有其他成分，银子很容易氧化变黑，因此国外专门有人负责擦拭保养银器。

这件珐琅彩的工艺比较新，底部的印章较小，因此年代较近，是20世纪50年代为了创汇而烧制的。烧蓝是珐琅彩的变体，因为烧制的珐琅彩以蓝色基调为主，因此成为专业术语“烧蓝”，而且通常情况都是银烧蓝，图案颜色很复杂，却能够经得起温度变化，准确地将颜色烧制出来。这是距今几十年的器物，代表了那个时代的文化特征。今天测量温度都依靠温度计，而在古时候，人们只凭肉眼分辨火焰的颜色来判断温度。由此可见，今天手工的能力在下降。

严整气派唐建筑

影视剧中所反映的唐代建筑，与实际的唐代建筑的差距比较大。现代人能看到的古代建筑，大部分是明清两代的。现在，唐代的建筑在全国所存无几，如山西的南禅寺、佛光寺，陕西西安的华严寺等。唐代建筑的特点是门窗很小，采光非常不好。

南禅寺

佛光寺

日本东大寺 728年建造

留存到今天的以木质结构为主的中国建筑，都是宋代以后定型的。留存到今天的唐代建筑，顶部都比较大，一般都要占1/2以上的比例，房顶占总高度的1/2，甚至达到2/3。这种建筑在今天的日本很多，日本的建筑都是唐式的，有的甚至是唐朝时援建的，所以这些建筑的风貌，反而能够真实反映唐代的建筑风貌。

唐代是中国历史上有名的大朝代，人口的增殖非常快。历史上历朝历代政府都把人口增殖作为国家的第一要务，只是近几十年才开始提倡计划生育，以前没有这个概念，总认为生得越多越好。

在古代，吃是个首要问题，如果吃的问题不能解决，就不要再去谈其他的问题。但在唐代，尤其贞观之治以后，从永徽之治到开元盛世，人口一路增长。在这种人口增长的情况下，唐朝国泰民安，物阜民丰。老百姓要变得富足，需要依赖整体的社会环境。流传下来的一些文物也体现了这个道理。

在今天，人们会觉得枕如此硬的枕头，是不可思议的事情，而在古代，午睡的时候，为了不睡太长时间，就希望枕头硬一些。比如宋代文学家、史学家司马光，为了不让自己睡太长时间，从而多挤出一些时间工作，就截了一根硬木头做枕头，再把两边系上铃铛，取名“警枕”，为了警醒，每每睡觉稍沉，铃铛一动，就会醒来，起来继续工作。这种硬枕头在古代大量出现，就是为了午睡之用。

唐晚期　广东窑口白釉褐彩春宫枕
长 18.8 厘米　观复博物馆藏

唐代　绞胎团花锦地四叶花卉纹如意形枕
长 26.8 厘米　观复博物馆藏

这个是一个非常少见的枕头。第一，它的尺度比较小，第二，它的内容非常丰富，表现的是男欢女爱，这是我们人类的生殖文化。

今天谈唐代的住，不仅仅是看唐代的建筑所呈现的风貌，以及人均占地，更主要的是了解唐代人为社会的安定做出的努力，这种努力对今天的人们依然有提示作用。

另外，还有一些枕头反映了当时唐朝的文化，如绞胎团花锦地四叶花卉纹如意形枕。这是一个唐代非常典型的瓷枕，瓷枕的中间使用了绞胎的方式，旁边是印花的方式。它的泥是绞胎的，用棕色泥和浅色泥叠在一起做成，如同点心、花卷的状态，镶制好位置后再磨出来。它采用了对称的古典美学的基本原则，纹理对称，周边是放射性的印花方式，在底部写了四个字“裴家花枕”。

裴家花枕在唐代非常有名，是商标的先驱，表明了生产厂家是“裴家花枕”。裴家花枕在唐代是著名的奢侈品，相比现代的奢侈品，在唐代地位更高。图案中间是一块丝巾，它的设计是非常完美的，从颜色到纹理，都是一条丝巾的状态，如果将丝巾的颜色稍微改变一些，就是非常具有现代感的设计。

这件裴家花枕距今有 1 000 多年了，那时的设计达到这种水平，是非常不容易的。这个枕头还有很多细节的设计，非常精巧。第一是它的枕面，呈弧形。此外，枕边还有一个随形的倒角，它的立墙部分是鼓起来的，而非平切，很圆润饱满。在它的背面又大胆地刷了一层绿釉，它的纹理也有防滑的功能。这是非常人性化的瓷枕设计，很可能就是古人所枕的。

观复学堂

1.唐代的“大明宫”的面积是明清“故宫”的几倍?

马未都评：故宫（紫禁城）的面积非常大，相当于法国的凡尔赛宫、英国的温莎城堡、俄国的克里姆林宫和日本的皇宫这四个宫殿的面积总和，故宫占地 72.5 公顷，围着故宫走一圈，需要两三个小时。而从遗址勘察上看，大明宫占地有 350 公顷，大约是故宫的 4.8 倍。

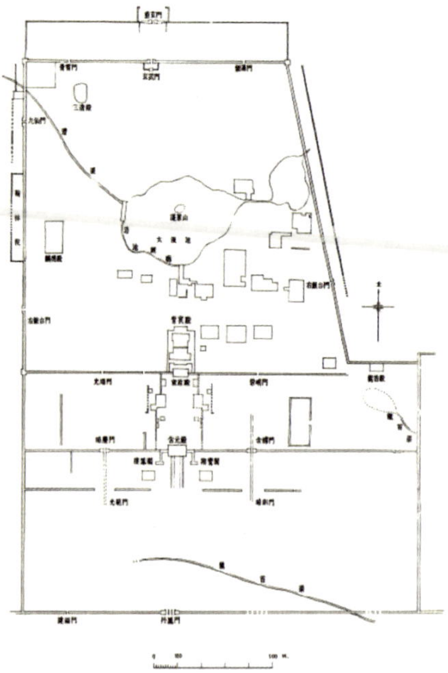

唐大明宫重要建筑遗址实测图

唐代的城市规划极具现代性，从布局图可以看得非常清楚，皇城在正中心，大明宫在皇城的北方。太极宫在皇城正北，中间的方格状区域是其城市的规划。在今天中国所有的城市中不再有这样完整的规划，而日本的奈良平安京，古时候是按照唐代的规划建成的，非常规矩，在这种城市中，如果记住方位，知道左右，是不会迷路的。如今在中国，北方的天津就非常容易迷路，在国外，巴黎的城市布局是放射状的，如果没有导游，很容易迷路。

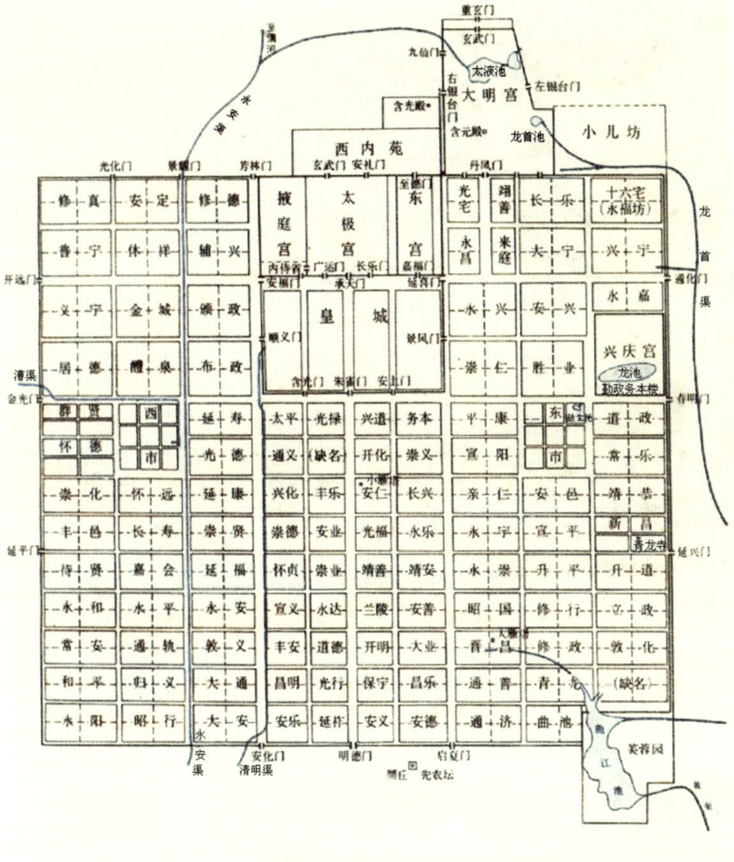

唐代长安城布局图

这就是唐代长安城的城市规划，时至今日，虽然西安尚在，但这种规划却没有了，非常可惜。大明宫内部有很多宫殿，有17位皇帝在此工作过。大明宫建于唐初，大约是635年，904年毁于战火，共存在了200多年。中国历史上烧毁了很多宫殿，如秦代的阿房宫，唐代的大明宫。如果这两个宫殿能保存到今天，将是非常宝贵的文化资源，人们可以看到很多古代富丽堂皇的宫殿。

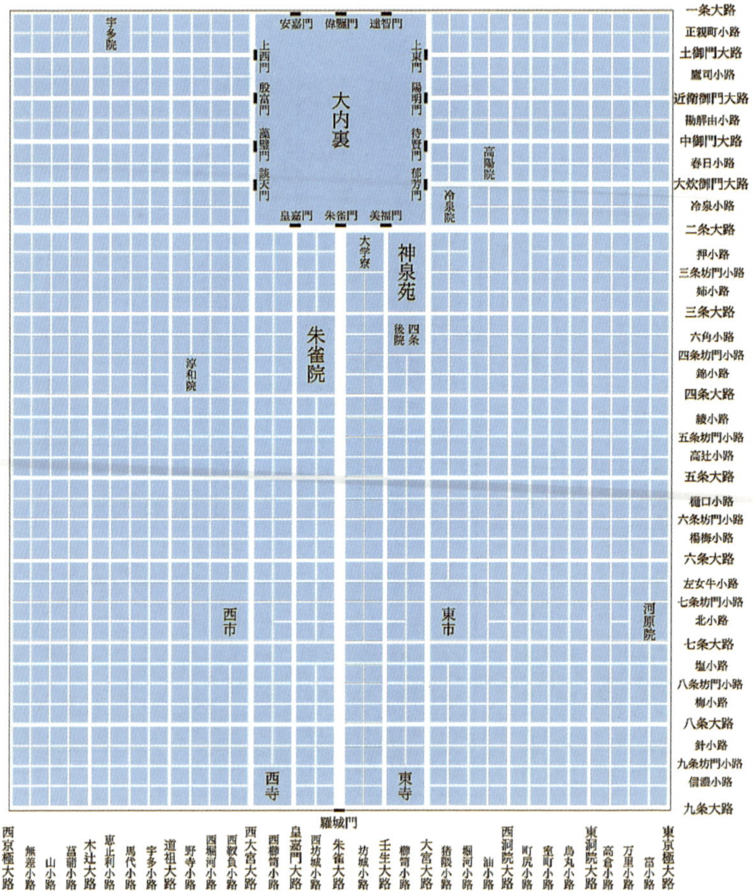

日本平安京街道图

大明宫含元殿复原遗址

2. 唐代三品以上的官员最多可以盖几间堂舍？

马未都评：唐代三品以上的官员最多可以盖 5 间堂舍。中国古代盖房子都是单数，正屋是一间，再盖两边房子，而对称是中国古典美学的第一原则，中国人做什么都是要对称的。比如故宫的太和殿，面宽 9 间，纵深 5 间，总计有 45 间，占据了 45 间房子的区域。

中国人常说说盖了五间大北房，而向来没有四间的说法，在古代盖房子一定是单数的。唐代的《营缮令》规定："王公已下，舍屋不得施重拱藻井；三品已上，堂舍不得过五间九架，厅厦两头，门屋不得过五间五架；五品已上，堂舍不得过五间七架，厅厦两头，门屋不得过三间两架……"藻井就是皇宫建筑的一部分，故宫的藻井在建筑内抬头可见，非常漂亮，全是龙纹。而王公以下是不允许使用藻井的，《营缮令》规定

故宫建筑内檐装饰　藻井

故宫建筑内檐装饰　天花

唐代　三彩住宅模型

了官员住宅的规建，堂舍指的是正屋，相当于四合院的正面房间，再比如五间北房，其中五间北房是正屋，旁边的耳房和两侧的厢房，都不在此规定之内。正屋进去后是厅堂，往两侧走，父母睡其中一侧，子女睡另一侧。也有的一侧是卧室，另一侧是书房。

唐初，唐太宗李世民是一位非常强调廉政的帝王，唐代有很多这方面的规定，对官员的限制非常严格。

这是一个唐代房屋的模型，是从墓地出土的，其中有正屋，但与其他的房间似乎没有什么关联。实际上房子之间是有关联的，尤其在北方，房子都是围合式的。今天的北方四合院，基本上反映了古代的建筑格局。四合院不需要中轴对称，一般民居是在一侧开门，以防从门外一览无余。这样从个侧面拐进来，再走一步到二道门，也就是垂花门，才进入正厅，有一个迂回的过程，这种过程在古代也是有的。这种模型的摆设，并不能准确地反映唐代时期民居的特征，而唐代及以前的民居都没能保存下来，无从考证，非常可惜。

3.唐代的百姓，三口之家的住宅占地可以得到几亩地？

马未都评：现代城市居民都居住在楼房中，对占地的概念不清晰，无法计算所占土地是多少，因此也无法平均来算，但在古代，占地的概念是非常清晰的。

唐代的国家人口，在唐初，也就是贞观时期到开元时期，大约是5 000万~6 000万人，土地面积十分宽松。唐代三口之家的百姓住宅规定在《唐令》中有记载："良口三人已下给一亩，三口加一亩。贱口五人给一亩，五口加一亩。"《唐令》是官方的规定，良人、良口是指士农工商阶层，"贱口"指的是唱优（演员）、奴婢、乞丐这些人。在古代从事演艺事业的人地位很低，不像现代的影视明星那么风光。良口三人占地是一亩，相当于今天的666.7平方米，每三口再加一亩，也就是说，如果是四口、五口就不加，达到六口人的时候，加给一亩地，因此宅基地就会变大。

贱口是指优伶或乞丐，五口人有一亩地，即使在现代也不算少。这是因为中国现代人口增长的速度太快，但国土是有限的，因此每人平均面积就会很少。

中国人的文化观念是居者有其屋，有自己的房子才会安心，租房子会有不安感，这是由中国的文化决定的。

每个中国人，无论贫富，都希望有自己的房子。在政治经济学中有两个概念，一个叫生产资料，一个叫生活资料。人们希望房子是生活资料，但现代的房子却被变成了生产资料。有些人拥有上百套房子，靠出租为生，对于这种人来说，房子就是生产资料，而对于他人来说，是不公平的。因此，人们希望国家能够解决住房问题，让每个人都能安心地生活，安心地工作。

古玩门诊

古玩一

民国时期　和田玉斋戒玉佩

这是一个常见的玉佩，两面有字，一面是汉字，一面是满文。这类长方形的玉佩是清代乾隆时期流行的。这种玉佩有两类，一类是不镂空的，整个是浮雕的，甚至是素面的，另一类是镂空的。进行镂空，是因为玉本身的材质不好，有瑕疵、黑点或者绵。在雕刻的时候，就要把这些缺点去掉，因此会做成镂空状，扬长避短，保留完美的部分。

这件玉佩的镂空是对称的，因此受到了一定的限制，而一些雕梅花、龙纹的玉佩，则不需要对称，将瑕疵的地方都设计好，在雕刻时去掉，使玉佩显得更加完美。

斋戒牌在清朝乾隆年间非常流行，有瓷制的、铜制的、景泰蓝的、画珐琅的、玻璃的、玉制的等，此外还有竹簧的、沉香的、象牙的，多种多样，有什么材料，就能制作什么材质的斋戒牌。古人佩戴斋戒牌，就是为了提醒自己注重戒律，在生活中有些事情是不能做的。

这种斋戒牌，历史上乾隆时期出现过，民国时期也制作过，现代也有人制作。这件斋戒牌的玉质，与乾隆时期最好的新疆和田玉，有一点点感官上的差距。虽工艺也与乾隆时期的工艺不太一样，没有乾隆时期那种极致的精致感，虽然达到了乾隆时期的一些特征，但是没有达到乾隆时期的高水准，年份没有那么老。

古玩二

清末民初　浅绛彩的山水纹筷子笼

这是一对筷子笼，色彩是浅绛彩，年份大概是晚清到民国初年的，上面的描金也提示了年份，这种金色是一种电化铝色，颜色略微怪异。它的造型也与壁瓶不同，壁瓶是呈花瓶状的，挂在墙上是为了插花，在壁瓶上一般不会将用来挂壁瓶的部位露出来，这样会破坏美感，通常壁瓶用来悬挂的部位都会藏在背面中部，挂在墙壁上就看不见了，才能称为壁瓶。

古代的房子一般都是木质的，有柱子，在柱子上随便钉一个钉子，就把筷子笼挂上去了，再将筷子放进去。不过这种瓷制的筷子笼并不常见，通常都是木制或竹制的。

这对筷子笼在当时很讲究，应该是大户人家使用的，并且成对出现，有可能其中一个是自家使用，另一个是给客人使用的。

理论上讲，筷子笼底下都是有孔的，但这两个却没有。筷子笼没有孔，沥水功能不太好，筷子上的水容易存在笼底。

四通八达唐出行

出行自古以来都是人们生活当中非常重要的内容，出行涉及很多关键点，如道路设施、住处、交通工具。

现代的出行，可供选择的交通工具非常多，首选火车，十分便捷，能够行进到很远的地方，甚至可以出国，比如俄罗斯。更快捷的是飞机，速度是最快的，飞 12 小时可以到达地球的另一端。此外就是汽车，行进在四通八达的公路上，很适合中短途出行，十分方便。

古代人的出行与现代不大相同，最简单的方式是依靠脚力，也就是走。古人从一座城市走到另一座城市是很平常的，有时候要走一年，也就是常说的“行万里路，读万卷书”。在古代，像徐霞客这样的人就会采用走路的方式出行。此外就是坐车，主要是马车，也有可能是牛车，牛车更慢。古代出行更多的是坐船。中国的内陆水运非常发达，因此在古代，坐船是很重要的出行方式。

中国古代的交通工具都有一个共同特征，就是行进得比较缓慢，所以在古代，出行是非常大的事情。

唐代　铜鎏金叶形马饰一对
长 8.4 厘米　观复博物馆藏

这是一对铜鎏金的马饰，也就是马身上的装饰。李白有诗“五花马，千金裘，呼儿将出换美酒，与尔同销万古愁”。“五花马”中的“花”，有的学者认为，就是马上的一些装饰。窥一斑可见全豹，从马身上的这两个装饰，可以想象唐代马出行时候的奢华。唐代马身上的很多装饰，与现代很多豪车的装饰一样，现代更多讲究的是内饰。

我们可以通过唐代出土的陶马，看到这对叶形的马饰所装饰的位置。当人骑在马身上的时候，在马的头部、颈部、胯部进行装饰，是十分显眼的。

乍一看这两件装饰品与出行无关，但它的用途却与马有关。在唐代，能够使用这种马饰装饰马匹的人官阶都很高，而非平民百姓。

这是 1 300 年前中国人在马身上做的一个装饰，以今天的审美观来看，没有任何瑕疵，看起来非常舒服。在它的叶子中间有一个小花形，也就是一片叶子包裹着一朵小花，把两个似乎无关又有关的东西捏合在一起，做成装饰挂在马上，反映了唐代人对美好生活的追求，这也是现代人在传统文化的追求上欠缺的思想。

唐代　彩绘石鞍马
观复博物馆藏

唐代　白釉四系穿带壶
高 18.8 厘米　观复博物馆藏

这是一个唐代邢窑的背壶，从其两侧可以穿绳的地方，就能理解它的功能，这是一个随身携带的背壶。现代人在外喝水并不麻烦，可以在商店里买饮料，但古代却没有这么便利，每个出行的人都要自备着水。

这是一个唐代等级非常高的邢窑白瓷背壶，它穿入丝带以后，在壶口塞上软木塞，提起来很雅致。我们了解一个时代，可以看见其时代的进步，也可以看到这个时代的局限，从今天看古代的时候，知道古代有很多局限，但现代人也有局限，只是没有自知之明。

1.唐代贞观年间，入城和出城分别是哪边行走？

马未都评：现代出行都会受到交通规则的限制，在古代也有交通规则。《新唐书·马周传》中记载，“先是，京师晨暮传呼以警众，后置鼓代之，俗曰‘鼕鼕鼓’；……城门入由左，出由右……”。

唐代贞观年间国家制定的交通规则，是以皇宫作为原点的，中华民族是一个尊南的民族，南向最重要，南向为前向，所以要面朝南来分出左右，在出城的时候是右行，回来的时候是左行。出城时，从右门出去；回城时，从左门回来，这就是规矩。

以北京城为例，这是一个完整的都市，分三层城，第一是皇城，皇城有四个门，南向的门是天安门，北向的是地安门，东边的是东安门，西边的是西安门。北京内城有九个门，东边东直门，西边西直门，朝阳门对着阜成门，南边有崇文门、宣武门。外城有七个城门，有左安门和右安门，左安门

故宫城门

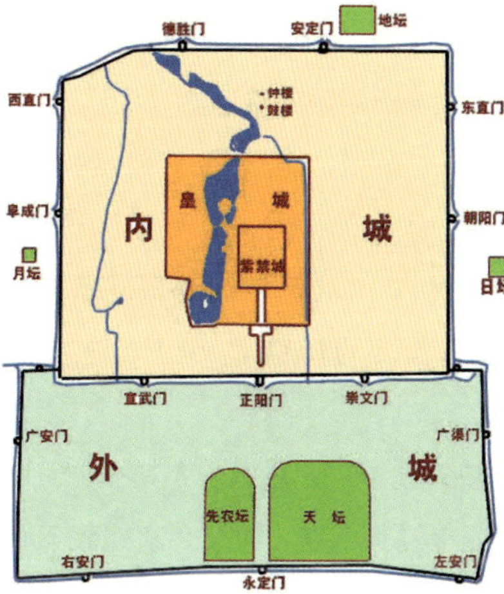

北京内外城

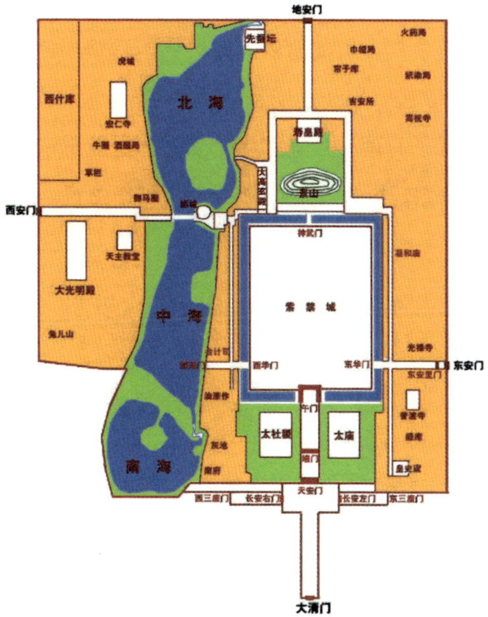

清朝时期北京皇城

在东侧，面朝南的时候，左安门在左手边，因此叫左安门，右边叫右安门，这就是皇城的规则。因此，在中国古代，以皇城为准形成了右出左进的规则，也是现代交通规则的雏形。

现代交通规则讲究避让，车辆要优先避让行人，古代的交通避让，与今天相比，没有原则上的不同。唐代规定，“贱避贵”，也就是平民百姓要避让有身份的人；“少避老”，中华民族是尊老的；“轻避重”，有重载的车辆时，其他车要尽可能避让，这样比较方便；“去避来”，离开的人避让回来的人。

现代人往往缺乏这种避让意识，尤其在交通堵塞的时候，很多人都乱加塞，使城市变得混乱不堪。如果大家都静下心来排队，交通反而会疏通得更快一些。

2. 多数情况下，骡子的妈是谁？

马未都评：古代出行的时候，如果不走水路，旱路最快的方式就是坐畜力车，也就是马、骡子、驴、牛等拉的车。

一般来说骡子有两种，马骡和驴骡，这是以母亲为准的，骡子百分之六七十都是马骡，因为马的体形很大，容易生育。通常情况下公驴配母马生下来的叫马骡，大部分骡子都是这样的；少部分是公马和母驴生下来的，叫驴骡。

骡子与马和驴有很多差异，具备很多马与驴所不具备的优点。第一，骡子的挽力大，也就是拖拉的力量很大，骡子通常用于驾辕和拉车，耐粗食，适应性强，耐力强，骡子的寿命也比马、驴长，唯一的缺点是骡子不生育。在古代，骡子作为载车的牲畜非常有用。

从图片上可以看到马、驴、骡的区别。马的体型比驴大，马耳朵短，驴耳朵长，骡子的耳朵居中。马尾巴是散的，驴尾巴是个棍，骡子的尾巴是片状的，上面长着毛。骡子也分公母，但是没有生育能力。

骡子

这是骡子，从它的体态上看，与驴有很大区别，驴的肚子很大，骡子在身材上与马更相近。

驴

马

唐代　骑马人物图（局部）

这是骑马的人物，反映了唐代骑马出行的状况，这匹马十分漂亮，是盛唐时期的马，身上装饰着花形的马饰。

唐代 700~750 年　三彩陶马
长 84 厘米　维多利亚与阿尔伯特博物馆藏

唐代　三彩釉陶骆驼载乐俑
通高 66.5 厘米　中国国家博物馆藏

唐代　三彩釉陶毛驴
高 16.4 厘米　国家博物馆藏

3. 唐代最大的舟船能装多少石？

马未都评：每个时代的船都有所不同，现代最大的船是航空母舰，虽然也是船，却与中国古人最早制作的独木舟已大不相同。

一石等于四钧，一钧等于今天的30斤，一石是120斤，而唐代最大的船能装一万石以上。

《唐国史补》记载："江湖语云：水不载万，言大船不过八九千石。然则大历贞元年，有俞大娘航船最大，居者养生送死嫁娶悉在其间。开巷为圃，操驾之工数百，南至江西，北至淮南，岁一往来，其利甚博，此则不啻载万也。"唐代有一种说法，叫水不载万，但文献中提到的这个船却非常大，可以在上面进行婚丧嫁娶，甚至种植蔬菜，这些都是符合史实的。

郑和下西洋时，为了让船员能喝到新鲜的牛奶，船上养着牛；为了有鸡蛋吃，在船上养鸡；此外还种菜，提供新鲜的蔬菜。这则文献中记载的能"载万"的船，能载重600吨。

在唐朝，内河南至江西，北至淮南，走一个来回需要一年，有如此大的船，可见当时水路的发达。

古玩门诊

古玩一

清光绪　青花八仙碗

这是一个非常常见的八仙碗，画片是道教的8个神仙。这种碗从清代雍正年间开始，后来都作为定式。从质量上讲，雍正、乾隆时期烧造得最好，到了清代后期，烧造的质量开始下降，其下降表现在几个方面上。一是它的釉色达不到清朝最高峰期的漂亮程度，其釉色比较昏暗，不明亮。二是其造型也不够丰满，越往边沿越薄，也就是说底部的厚薄与上面差距比较大，而清代早期做得非常匀称。

清代的制瓷工艺是逐渐衰退的，这件东西从釉面上、画片上、款式上看还不错，它是光绪本朝的，可以算广义的官窑。

今天对官窑的理解有点狭隘，清朝烧造了很多官窑，但并非都是皇帝直接使用，凡是与官家与皇宫相关的机构，都在使用官窑，比如说承德避暑山庄、颐和园等与皇宫有关的地方，可以写上皇家的款识作为官窑。

清代后期，国家的控制力下降，对瓷器的要求都比较低。有些官窑甚至被称为“三路官窑”，也就是在厨房里使用的器具。

在古代，即使是皇帝，出门也相当不容易，比不上交通方便的现代。而皇帝的住宿条件也不一定很好。比如从故宫和颐和园到达万寿寺，皇帝要走两天才能到达，而在万寿寺也有很多官窑瓷器。

古玩二

商朝　象鼻盉

这是一个壶，按照今天的说法，有把儿、有流就是壶，其风格比汉代早很多，大约早了 1 000 年左右，应该是商朝甚至更早时期的。

它的名字叫象鼻盉（hé）。“盉”是青铜器专用名词，是一个壶状器皿，象鼻是象形的。这种名字都是后人定的，在古代也许有其他名称，虽然称为象鼻，却与象无关。它制作得精美漂亮，上面有三个乳突。弹敲时声音清脆，是硬陶的，在表面有清晰的几何状印纹。

这种盉壶是新石器时代的文化，中国社科院在二里头文化考古中，出土过类似的器皿。从文物的角度考察它，价值非常高，反映了远古时期的文化追求，与今天的追求差距较大。它是宽柄的，提拎的时候并不舒适，今天的圆柄就非常舒适，此外，它的口是朝天的，而今天的壶口都是朝前方的，并且带着弯度，甚至朝下，以免倒茶时洒到身上。

这件盉壶制作得很漂亮，在几千年前就开始使用如此优美的器皿，可以想象当时中国人的聪明才智，在新石器文化时期，除了已知的彩陶，更多的是这种硬陶。

欣欣向荣手工业

宋代是中国经济发展非常好的时期，在当时是全世界最先进的国家和社会。宋代人享受了当时生活的便利，这些便利中很重要的一点，就是手工业。手工业是相对于工业而言的，在现代工业没出现之前，手工业就是工业。可以说，手工业是锻造大家锦绣河山的支柱产业，它带动了大宋经济的繁荣与富强。

宋代的手工业，可以用四个字来形容——欣欣向荣，因此，宋代的手工业也带动了整个国家的繁荣和富强。

宋代　万古流芳款虎形镇纸
长 6.7 厘米　观复博物馆藏

这是一个铜制瑞兽的镇纸，镇纸底部写着四个字——“万古流芳”，字的刻制方式不是印章状。从几个方面可以判定它是宋代的。第一，这只瑞兽的形态与明清后的动物形态不同，采取静态，有点像家常的猫狗，安静地坐着。第二，从细节的表达上看，瑞兽身上有很多毛发。第三，底座的形制，一边是方形，另一边是圆形，与明清时期方方正正的形态有所不同。虽然判定它是宋代的，但也不排除元明之际也有这种风格。

这只瑞兽抬头望天，非常安详，这种姿态十分符合宋代社会的总体精神风貌，因此判定它是宋代的，从它的铜质也可以看出是宋代的。它通常是作为摆件，放在桌子上，用来压宣纸。

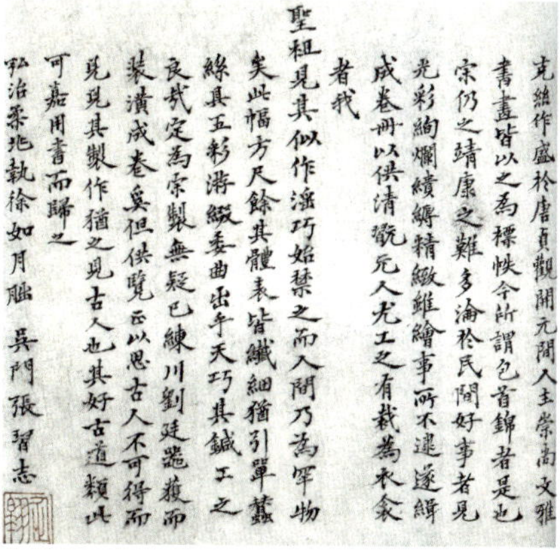
克絲作盛於唐貞觀開元間人主崇尚文雅
書畫皆以之為標帙今所謂包首錦者是也
宋仍之靖康之難多淪於民間好事者見
其彩絢爛續縟精緻雖繪事所不逮遂緝
成卷冊以供清玩元人尤工之有裁為衣衾
者我
聖祖見其似作淫巧始禁之而人間乃為罕物
矣此幅方尺餘其體表皆纖細猶引單蠶
絲具五彩滿綴委曲出乎天巧其鍼工之
良或定為宋製無疑已練川劉廷璣獲而
裝潢成卷奚但供覽正以思古人不可得而
見見其製作猶之見古人也其好古遺賴此
可嘉用書而歸之
弘治柔兆執徐如月朏 吳門張習志

南宋　朱克柔缂丝牡丹
观复博物馆藏

这是一个册页，封面上写着“南宋朱克柔缂丝牡丹”。朱克柔是南宋的缂丝大家，时至今日他的作品存世量非常少，只有几件。这件缂丝作品是新仿的，原件在辽宁省博物馆，是国宝级的文物。即便是新仿的，在今天，工艺也十分复杂。

这件缂丝作品，从颜色到技法以及整体的状态，都非常接近于宋代的朱克柔缂丝原件。册页的另一面是当年古代收藏者的题字，开篇就说，

“缂丝做盛于唐贞观开元间……”，说明缂丝盛行于唐朝，流传到今天的缂丝制品没有唐代的，只有宋代的。

从这件册页中，基本上可以看到宋代缂丝的大致面貌，通过这件作品，可以感受到宋代人的聪明才智，以及其生活方式。即使在今天，制作这样一件缂丝作品都非常困难，由此可见，古人制作也十分困难，但古人如此为难自己，是因为他们有精神追求。

缂丝将宋代纺织业的所有手段，作为一种精神的展示，体现了中华文化的精神追求，这种追求在今天容易被忽略，只能看到其美观的一面，却无法想象在一千年前中国人将一件普通的生活织物，变成一种崇高的艺术品的精神追求。

今人们在面对这种崇高的艺术品时，应该想到的不仅仅是它的金钱价值，更应该判断的是古代先贤那种超越世俗的精神追求。

1. 中国古代的四大发明中，哪些是宋代时期发明的？

马未都评：中国古代有很多发明，写进小学课本的发明是四大发明。在四大发明中，最早的发明是指南针，早期叫司南，也称指南鱼、指南车，指南针在战国时期就开始使用了。

第二个发明是造纸术。世界上影响人类文明进程的有100个人，前10名中就有蔡伦，他发明了造纸术。造纸术可以浓缩信息，虽然从保存的角度上讲，纸不如木牍和竹简，但它能够浓缩信息。古代有成语叫“汗牛充栋”“学富五车”，指的就是竹简，如果是用纸质书，就不会那么占地方。在现代，更伟大的发明是U盘，与纸张的发明并驾齐驱，能更大程度地浓缩信息。

仿古《孙子兵法》译本竹简
河滨加利福尼亚大学藏书

三国　吴简大木简
长沙简牍博物馆

三国　孙吴师佐籍签牌
长沙简牍博物馆

四大发明中其余的两个发明都是宋代的，一个是泥活字的印刷术，另一个是火药。沈括的《梦溪笔谈》中记载："庆历中，有布衣毕昇，又为活板。其法：胶泥刻字，薄如钱唇，每字为一印，火烧令坚。""庆历中"，就是庆历年中，泥活字印刷的过程，第一，在胶泥上面刻字；第二，"薄如钱唇"，每个字为一个印，如同印章，薄得如同铜钱的唇边，非常清晰。这种泥活字用火烧完以后，十分坚硬，便可用来印刷，这就是中国的活字印刷术。活字印刷术非常重要，它是使文化能够广泛传播的一个必要手段，活字印刷术出现后，人们知识的传播速度和广度就会增加。现代社会使用网络，网络的优点，是使知识的传播变得更快、更广。

火药在唐末、五代时期就出现了。在《武经总要》中，对火药有所记载。但一般情况下，都说是宋代发明了火药。只是很可惜，中国人虽然足够聪明，发明了很多东西，但很多好东西的用法不对。比如鲁迅先生在《电的利弊》一文中，对中国发明的火药颇有微词："……外国用火药制造子弹御敌，中国却用它做炮竹敬神；外国用罗盘针航海，中国却用它看风水，外国用鸦片医病，中国却拿来当饭吃……"鲁迅先生的观

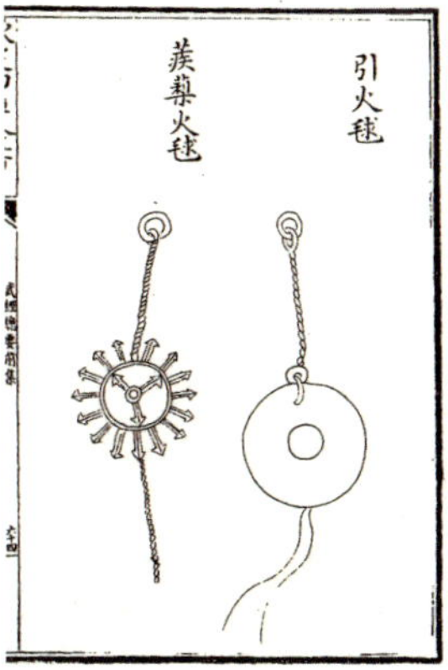

宋代 《武经总要》火球图

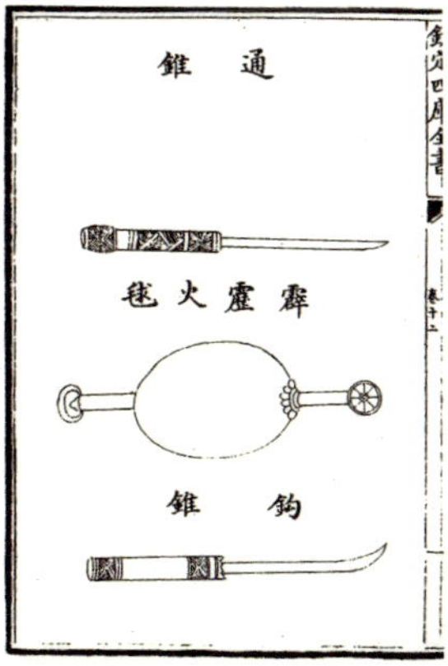

宋代 《武经总要前集》卷十二 霹雳火球图

察非常犀利，做了一个总结，说中国人是需要自省的，中国发明了火药，但抵御外来侵略的时候，火药却派不上用场，而真正把火器作为武器，都是近现代的事了。

2. 南宋时期，全国主要的丝织业发达的城市有4个，除了杭州、南京、苏州以外，还有哪个城市？

马未都评：每个时代一旦经济恢复以后，发展起来，就会形成城市。一般大城市的经济都比较发达，每个城市的特色也不一样。

中国古代，四川成都的丝织业非常发达，只是在宋朝以后，成都的丝织业逐渐衰退，让位于江南的苏州、杭州。汉代成都的丝织业非常发达，今天所知的古代著名的丝织品有云锦、宋锦、蜀锦，蜀就是四川成都。汉代蜀锦非常发达，成都有锦官城之说。当时成都的经济发达，织锦这个行业有专门的官员来负责，形成了一个系统，故称锦官城。

此外，还有一种织物叫缂丝，也称刻丝、克丝，是中国古代非常著名的织物。这种织物一般作为艺术品存在，而云锦、宋锦、蜀锦在当时只是商品。缂丝从唐代就开始有了，到宋代达到了巅峰状态。缂丝工艺是通经断纬的，也就是说，它的纬线是随时可以断开的，只要改变颜色的地方，纬线一定是断开的。古代有一种说法，“一寸缂丝一寸金”，即使在现代，制作缂丝也非常困难。收藏缂丝比较多的是辽宁省博物馆。民国年间有一位大家叫朱启钤，他收藏的丝织品是最多的。

通过这些可以了解到宋代的纺织业的发展状况，缂丝是当时最尖端的纺织技术，完全是手工制作，机器无法制作，反映了宋代人的聪明才智。

北宋　紫鸾鹊谱图轴（局部）
长 132 厘米　宽 55.6 厘米　辽宁省博物馆藏

南宋　缂丝蟠桃花卉图轴
长 71.6 厘米　宽 37.4 厘米
辽宁省博物馆藏

南宋　缂丝蟠桃春燕图轴
长 115 厘米　宽 40.3 厘米
辽宁省博物馆藏

南宋　朱克柔缂丝山茶图

3. 三枚铜钱“崇宁通宝”“大观通宝”“崇宁重宝”，上面的字是谁写的？

北宋　“崇宁通宝”“大观通宝”“崇宁重宝”铜钱

马未都评："崇宁通宝""大观通宝"上的字都是瘦金体，是宋徽宗赵佶写的，铁划银钩，字写得非常有力，这种书体是宋徽宗独创的。

汉字到了唐代，各种书体基本定型，再独创一门书体是非常难的，但宋徽宗以其高超的艺术造诣，写出了一笔非常独特的字。所以这些钱币上的字，是宋徽宗的御书，御书字写在钱币上，表明了皇帝对国家经济的重视。

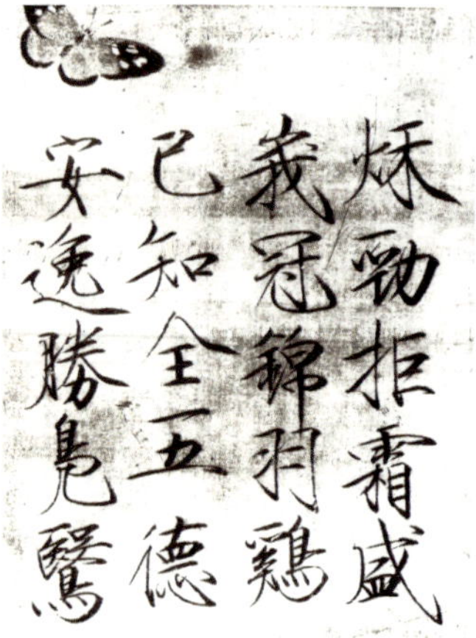

宋代　赵佶《芙蓉锦鸡图》题诗 绢本
原画纵 81.5 厘米　横 53.6 厘米　故宫博物院藏

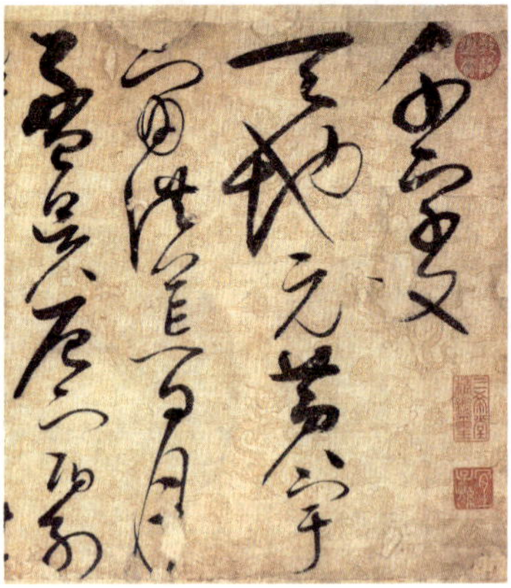

宋代　赵佶《草书千字文》(局部)　纸本草书
长 31.5 厘米　宽 1 172 厘米　辽宁省博物馆藏

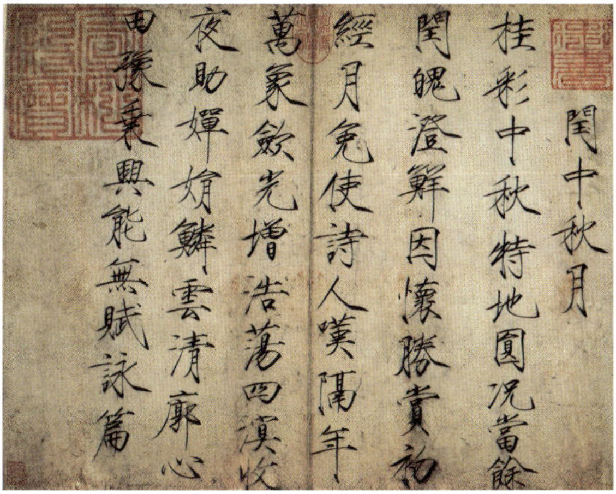

宋代　赵佶《闰中秋月》诗帖　纸本楷书
长 35 厘米　宽 44.5 厘米　故宫博物院藏

在现代，有制造假币的情况，而在古代，也有私造铜币的。从早期的刀币、布币，到汉五铢的出现，一直到开元通宝的宝钱制，中国古代货币进入计重制的货币时代。崇宁重宝、大观通宝都是宝钱制，使用这种计重制货币的时候，就可能造假，出现民间仿制官方的货币。

在中国古代，皇家有发行货币的权力，但如果百姓铸造的钱币的成色和重量与官方等同，国家不一定会追究，因为当时的货币是计重制的，只要重量达到等值即可。即使是今天，如果使用黄金作为货币，也是无差别的。但是做假币会出现一些问题，第一，含量不一样，成色不好，进行掺假；第二，重量不够。

因此，在中国钱币史上，当钱币质量较差，或者滥发钱币，钱币数量迅速增多，比如咸丰钱，就是经济崩溃的前兆。因此，历朝历代政府对制造假币，都采取一种严加看管的态度。

现代社会与古代不同，是纸币时代，而纸币很快就会消亡，逐渐向无形货币时代转变。在今天，人们可以不带一分钱，走遍全世界，使用银行卡和信用卡，刷卡消费即可。因此，现在除了打击纸币的造假，全世界都在打击无形货币（信用卡）造假。所以，未来的货币制度在演变过程中，可能遇到的问题比过去要麻烦很多。

战国齐国　刀币
长 18.6 厘米　重 48.1 克　首都博物馆藏

汉代　汉五铢铜币
直径 25 毫米　重 3.6 克　大英博物馆藏

古玩门诊

古玩一

明后期　藏传佛坐像

这是一尊佛像，尺寸超过20厘米，在古代一般作为家庭供奉的时候，这种尺寸比较合适。佛像有很多尺寸很大，现代尤其喜欢建大佛，历史上也很多，从唐代开始，佛越建越大。但是普通人在家庭中供奉的佛像，尺寸尽量合适，不会在房间里建太大的佛像，以免产生心理压力。一些宗教人士日常供奉的佛，有的非常小，甚至可以随身携带。

这件佛像有一个非常清晰的束腰，从这个造型上看，很容易判断它属于藏传佛教。一般汉传佛像的腰身变化不是很大，但藏传佛像的腰身曲线非常清晰，并且胸部比较丰满，这种造像叫丰胸束腰，一般情况下都是藏传系的。

这件佛像的年份从它的莲瓣和连珠纹上，可以清晰地判断大约是明朝后期的。它并没有完全鎏金，略有一点泥金，这也是当时的特征。

这尊佛法相非常祥和，保存得十分完好。观赏这种佛像，要从两个角度出发。从宗教角度上看，能够感受到造像内心所传达的信息，人的修行程度与这种感受是成正比的。从世俗角度上看，是观赏它的艺术成就。这尊佛像是铜铸的，铸造后再经过精加工，一点点地将细部修饰出来。从艺术角度上看，这是另一层欣赏。

古玩二

宋元时期　龙泉窑螭龙罐

这件瓷器是龙泉窑，龙泉窑胎的颜色比较多，有深有浅，有灰胎的，也有白胎的，这件胎偏白。

这件瓷器失光了，它的釉面本身比较亮的釉质没了，应该属于出水瓷器，也就是从海中捞出的。出水的瓷器有些会失光，有些不失光，这与其入水时的条件有关，有些在水下掩埋得很深，有些被海沙覆盖了，还有些是小器件装在大容器中，因此保存的状态不同。

这件瓷器的造型很特别，比常见的罐高，下端塑造了两个动物，一个是鸟，另一个是螭龙。螭龙在努力地向上爬。从瓷器的花纹看，刀法非常清晰熟练，一点都不犹豫。

这个罐子的年份是从宋代到元代之间的这段时期，十分漂亮，在当时也并不多见，这种比较独特的造型并非日常生活中使用的，因为很容易磕碰，有可能是用作供奉的，或者有其他用途。从造型上看，它与日常的实用器也有区别，其器形比较高，在供奉时就有一种庄严感。

衣食之源兴农业

中国一直以来都是农业大国，农耕文化在中国的历史进程中，占据了非常重要的地位。通过这一独特的文化，人们可以感受到一年四季的变化，也可以见证春播秋收的景象。

繁荣的宋代，农业在经济中作用是举足轻重的。宋朝建国之初，宋太祖就说过，“农桑之业，是为衣食之源”，“农”是指种粮食，“桑”是指穿衣服，这是衣食之源。所以吃、穿这两个最简单的事情，一直是中央政府要考虑的问题。宋代在建国之初就提出了这种重农桑的主体思想，可见农业在宋代的经济中占据了非常重要的位置。

这是一个宋代的瓷枕，宋代的瓷枕存世量非常大。这个瓷枕唯一的特点是画了两个桃。宋代在瓷枕上画水果是很少见的，因此它就显得比较珍贵。

宋代　磁州窑剔花双桃纹腰圆形瓷枕
长 25 厘米　观复博物馆藏

农业除了粮食、蔬菜和调味品以外，重要的还有果树。果树的栽培反映了人们的生活品质。桃代表长寿，祝寿的时候有寿桃。水果在生活中并不是最重要的部分，只是一种提倡，它表明了这个时代的人民生活开始趋于好转。

宋代的国家经济发展，水果也有一定程度的发展，虽然不能与今天相比，因此在今天看来还是比较稀有的。

这是一个磁州窑的剔地瓷枕，胎土颜色非常重，因此上了化妆图以后，再将纹饰剔出来，一般情况下花卉最多，水果却并不多见。宋代主要的水果就是现在比较流行的苹果、梨、桃，这些都是比较普通的。古代的瓷枕一般情况下都是作为陪葬用的，但生活中也有，是用来午间小憩的。

北宋　龙泉窑五谷缶
观复博物馆藏

这是民国收藏大家龚心钊的旧藏，它是套五谷缶，也可以说五谷罐，五谷与生活息息相关，五谷通常指的是稻黍稷麦菽，这些五谷杂粮，还有一种说法是去“稻”，换上“麻”。

稻

黍

稷

麦

菽

五谷中第一的是稻，就是水稻，稻米就是今天大江南北的人吃的米饭，这是中国人非常重要的主食，世界上吃米饭的民族基本上都在亚洲地区。

黍是黏米，也就是小黏黄米、黍子。稷是小米，也就是常说的小黄米，稷很重要，所以有社稷之称。麦，就是麦子，中国是一个种麦大国，尤其在北方，面食是主食。菽是豆子，各种豆子称为菽。

这个五谷缶，或者说五谷罐，是宋代流行的丧葬器物，当一个有财产的人去世以后，他的墓葬里一定要放五谷罐，让他能够吃到五谷杂粮。

这个五谷罐颜色莹润，虽然尺寸很小，但是非常齐全。从这个五谷缶可以看出中华民族的根本，我们是一个以农业为本的民族，中国是一个农业大国，农民占了国家人口的绝大多数。尽管现代社会向城镇化方向发展，但土地依然是人们赖以生存的根本。

1. 我们常吃的葱、姜、蒜、辣椒，哪个是宋代人没吃过的？

马未都评：农业的涵盖面非常广，不仅仅指粮食，还有蔬菜，以及很多与生活息息相关的东西。葱、姜、蒜、辣椒是今天常见的调味品。中国人很早就开始食用葱、姜、蒜了。

葱大约产生于伊朗高原，早期文明很多是从伊朗高原发展过来的。姜与葱和蒜不一样，它的产地是东南亚。通常人只见到姜被食用的部分，那是姜的根茎，埋于地下，姜地上的部分长得十分漂亮，能开出很漂亮的花，所以有的东南亚国家用姜美化环境。

清康熙　青花姜罐

这是个姜罐，“姜罐”这个词不是中国的，它来自17~18世纪的西方，中国很多姜罐都输往欧洲，欧洲的有钱人，家里都有姜罐，姜是当时非常时尚的调味品，可以显示生活的品味，如同现代人的下午茶、喝咖啡，是一种流行时尚，因此西方人把这种瓷器称为姜罐，而中国称为人头罐。

大蒜是中国人所熟知的，大蒜传进中国的时间，一般的判断是在汉代张骞出使西域的时候。

宋代人是没吃过辣椒的，那时候中国还没有辣椒，甚至到了元代，中国人也没吃过辣椒，明初也没有辣椒。辣椒的出现与哥伦布发现美洲大陆有关，哥伦布发现美洲大陆以后，才把辣椒引向了世界各地。大约在明朝后期，中国人才开始吃辣椒。辣椒进入中国以后，被中国人不停培育和改造，出现了很多品种，比如四川的灯笼椒，四川人离了这种灯笼椒会食而无味。

陕西的大长辣椒都用针线穿起来，挂在房梁上、屋门口，做菜的时候再取用。这种辣椒一直到干透颜色都不改变，非常漂亮，味道纯正。有的新鲜辣椒用手碰了以后，手会发热，甚至再用手碰到的身体部位都会发热。

葱

姜

大蒜

辣椒

四川灯笼椒

陕西辣椒

陕西辣椒

2. 亚麻和苎麻，哪个出现得早？

马未都评：亚麻出现得非常早，距今有将近万年的历史。埃及木乃伊身上裹的全是亚麻，埃及人待木乃伊脱水以后，就不停地往身上裹亚麻。人类利用亚麻的历史远远早于利用苎麻的历史。

亚麻开蓝色或白色的小花，在中国东北地区种得比较多，它的植株很高，纤维特别耐腐，因此中国出土的很多文物中都有亚麻的存在。从科学角度上说，亚麻是世界上人工利用最早的植物之一。

苎麻从形态上讲，与亚麻不太相同。苎麻有很大的叶子，是多年生草本植物，在中国的利用历史大概只有 4 000 多年，时间也很长。苎麻在中国特定的历史时期，也是植物纤维的主要来源。

亚麻有一些缺点，比如纤维比较粗，穿在身上不舒服，不易染色，因此常见的亚麻色基本都是本色。但亚麻基本上不收缩、不缩水、没有弹性，是制作绳子的好材料，容易绷紧。

麻绳

约公元前 1000 年　西底比斯王子木乃伊绷带

亚麻田

苎麻图

唐代　干漆夹纻佛坐像
高 96.5 厘米　美国纽约大都会美术馆藏

清代　金漆夹纻佛像
高 28.5 厘米

3. 北宋《续资治通鉴长编》记载：“(神宗)诏司农寺，应常平存留一半钱谷籴粜数目……”，“籴”“粜”二字是什么意思？

马未都评：“籴粜”是买卖粮食的意思，这两个字是会意字，从字的结构上看，“入米”、“出米”指的是粮食的买入和卖出。司农寺是一个宋代的官制，这个机构早在北齐就建立了，主要掌管国家粮食的积累，

明早期　14 世纪　干漆夹纻宝生佛坐像
高 56 厘米

唐广德元年　鉴真坐像

以及积储仓库的管理等事务。司农寺在宋代非常重要，宋神宗时为推行新法，特别依赖于司农寺，到了元代，司农寺就废除了。

北宋《续资治通鉴长编》中的这段记载，是北宋神宗皇帝下诏告诉司农寺，在平常的日子要存留一半钱谷，进行粮食买卖，也就是说，丰年的时候，市场的粮食会便宜一些，国家动用储备来买进，到了欠（荒）年，粮食涨价，国家就会抛出储备的粮食，来平抑物价。这与今天国家的平抑物价是一样的，国家是调整整个市场的中枢机构。而个人如果囤积粮食，垄断百姓赖以为生的粮食，则会遭到国家的镇压。

在宋代，"籴粜"二字是官方文件中一个很重要的国策，在今天不再使用这种称呼。

古玩门诊

古玩一

清同治 粉彩人物兽耳方瓶

这是一个粉彩的方瓶，底部带有湖蓝釉。方瓶在清末同治光绪年间稍稍流行，因为当时人对圆形瓶有审美疲劳，因此喜欢方瓶。

瓶子画得比较满，两侧画得比较简单。图案内容是八仙祝寿和九老图，也就是香山九老，这是一种吉祥世俗的画片。同治年间的瓷器色彩都是这种色调，有绿、粉、黄、蓝等颜色，色调十分柔和，很多色彩组合在一起，形成了这个时代色彩的特色，故称同治彩，这种颜色到了光绪年间依旧被称为同治彩。

这个方瓶的耳很有时代特征，一般当时都做这种狮耳，但形态上略像哈巴狗，十分卡通。这些都是清代后期的特征，中规中矩，在那时，凡是富裕点的人家里都有一对类似的大瓶。

古玩二

唐初期　巩县窑蓝花釉四系罐

这是一个四系罐，四系罐是隋唐时期非常流行的造型，从造型上看，这件四系罐倾向于唐代早期，接近隋代。它的口比较小，四系罐口是越来越大的，口小的话手无法伸进去。因此这件四系罐是装水或奶一类的液体，却不能放固体，比如鸡蛋。

这件四系罐的釉只覆盖表面的一半，上一半有釉，下一半露胎，这也符合唐早期的特征，隋代的青釉经常是下面一半，或者2/5的地方露胎，这件四系罐基本上也有一半没有釉。在当时，如果施釉满，瓷器非常容易与窑具粘接，在唐代解决不了这个问题，因此就少施一点釉，形成了这种风格。随着制瓷业的进步，施釉越来越多，最终釉完全覆盖瓷器，这时候就能够控制住釉，不会再与窑具粘连。

有人称这种瓷器为唐代青花。今天公认的青花是景德镇烧造的青花瓷，虽然青花诞生的时期没有定论，有人认为这种带蓝釉的就算青花，有人认为不是。而不论是唐青花还是宋青花，它们与元代的青花都没有本质的联系，只是相像。因此巩县的这种青花，与景德镇的青花没有血缘关系，只能视为蓝色花釉，或者是称为唐青花。

从这件四系罐的器型特征、釉色、装饰风格看，它是属于唐初的，它的胎质非常细腻，没有任何作伪的痕迹，包括底部磕了一块，都可能是制作时磕坏的。而它表面上淋的蓝釉，也恰恰是早期唐三彩风格。

这件蓝釉四系罐十分难得，它并不算瓷器，而是陶器，胎质带砂，比较糠，蓝釉在唐代陶器中并不多见，无论是动物形象还是器皿，存世量都很少。

古玩三

清乾隆　青花花卉花口盘

这是一个椭圆形的花口盘。中国的盘子通常比较深，而外国的盘子都浅，便于用盘子吃饭。这个花口盘是乾隆年间的外销瓷，带有西方风格，花卉特征很明显，但是依旧带有很多中国元素，在花卉中夹着琴棋书画，牡丹也保留了清初康熙双犄牡丹的特性。它的边饰带有西洋味道，很容易让人误认为是民国时期的。

文化输出是很具体的，体现在这个外销的盘子上，是它的纹饰内容，在盘中有画，还有画轴。西方的是从中间向两侧展开，中国的画轴通常是从一侧打开，比如《清明上河图》，是由郊外画到市中心，一点一点去展现，而不是从中间开始体现的，这也体现了中国文化的特征。

这是一个很特殊的乾隆时期外销瓷，带有浓重的欧洲文化色彩。

百家争鸣宋瓷窑

宋代被称作是中国陶瓷史上的伟大时期，这一时期涌现出来的民窑举世闻名，生产的瓷器无与伦比。从美学的角度上讲，宋代是中国陶瓷的巅峰时期，是后世无法超越的。宋代是一个以文治天下的时代，宋代人对陶瓷，对生活中的器皿要求都比较高，从唐到宋，中国陶瓷呈现出百花齐放的局面。

这是一个梅瓶，梅瓶的造型虽然唐代就已经出现了，但是在宋代才十分流行。

这个梅瓶画的是一只鸟站在树枝上，鸟呈回头状，反映了宋人的社会心态。唐朝及以前的朝代，中国人心态都比较开放，宋以后就关上了这扇门。

著名学者、历史学家陈寅恪先生说“唐之世近于古，宋之世近于今”，唐代以前的生活都很像古代，但宋代以后的生活，也就是宋、元、明、清，与今天的生活区别不是很大。

这是一个宋金时期磁州窑的梅瓶，它的正面画了一个枯枝花鸟，这只鸟反映了宋代人紧张的心态，回头是因为随时警惕着，在梅瓶的背面画了一枝硕大的牡丹花，充盈整个画面，也反映了宋代人对生活的美好追求。

北宋　磁州窑枯枝花鸟纹梅瓶
高 37.5 厘米　观复博物馆藏

这是一个普通的宋代梅瓶，在当时就是一个装酒的瓶子，对于今天的我们来说，是一件大约800~1 000年以前的证物，证明在宋代有这样一件东西，有这样一种心态。

这是一个北宋的景德镇的影青瓷娃娃碗，它在灯光下显得非常莹润，内部水意盈盈。因为发现了高岭土，才有了宋代景德镇优美的瓷器，从而推动了此后元、明、清的辉煌。

宋代的政治中心曾经南移过，靖康之变以后宋室南迁，南方的经济开始蓬勃发展，首先发展起来的是龙泉窑。北宋时期的龙泉窑远不如南宋时期的龙泉窑，就是因为政治中心南移。这对江西景德镇也有很深的影响，北宋时期瓷器的纹饰属于比较粗犷的，但到了南宋时期就变得非常细腻，令人叹为观止。

宋代　影青釉婴戏纹碗
口径 20.2 厘米　观复博物馆藏

这件湖蓝色的婴戏纹碗，让人们想象到1 000年前中国人的生活，将今人带入那个时代。这是1 000年前的碗，即使以今天的审美观来看，也是非常漂亮的，在工业化革命没有来临前，当我们农业社会依靠手工业生存的时候，依靠中国人的聪明才智，能够做出这样优美的碗，可见中华民族在那个时代是多么幸福。

1. 景德镇最终成为中国古代制瓷中心的最主要原因是什么？

马未都评：景德镇的瓷器最初是不讲究绘画的，讲究绘画是元代以后的事情。宋代的时候，景德镇主要是素器和带有刻花、印花的，所以没有绘画，而当时绘画风格主要流行于北方。景德镇最终成为制瓷中心与高岭土的发现是有直接关系的。

中国人发明瓷器的时间非常长，科学地判定一件瓷器有很多物理指标，比如吸水率、透光率、烧结温度等。现代的瓷器对烧结前的原材料要求很高，能达到这个要求的是高岭土。景德镇的高岭土被发现以后，从宋代开始出现二元配方，也就是与早期的瓷土掺在一起，再进行烧结的时候，忽然发现瓷器异常结实和精美，因此景德镇从宋代以后逐渐强大，到元代逐渐成为制瓷的中心，明清更加繁荣。

中国大部分瓷器都是景德镇生产的，就是因为高岭土的使用。高岭土的发现是一个偶然，到今天已经无法去考证它被发现的准确时间，大约在晚唐时期，北宋初年开始逐渐地应用高岭土，到北宋中期，就已经广泛地应用高岭土了。

高岭土并非由中国人命名，而是一个德国人命名的，叫李希霍芬，他在景德镇的高岭村发现了高岭土，当时使用拉丁文的名字，命名为高岭土，今天德文、英文、法文中，都称为高岭土。

2. 宋代定窑、耀州窑、磁州窑、建窑系中，哪一个没有烧过贡瓷？

马未都评：宋代的官窑并非我们今天所说的官窑，今天所知的官窑都是明清时期形成的一种定式的官窑。宋代是官窑理念逐渐形成的时代，在这个时代，官窑跟今天理解的官窑是有差距的。

宋代有 8 个主要的窑系，北方 4 个，南方 4 个。青瓷是耀州窑、钧窑，白瓷有定窑、磁州窑，以绘画雕刻为主，这是北方的 4 个窑口。南方也有 4 个，青色的窑系一个是龙泉，一个是越窑，此外就是吉州窑和建窑。在定窑、耀州窑、磁州窑、建窑中，磁州窑没有烧过贡瓷。

依据文献记载和实物，可知最早开始给宫廷烧造瓷器是越窑和邢窑。邢窑中，百宝大盈库烧造的瓷器，只要写“盈”字款的，都是唐明皇所用的。越窑中的秘色瓷也是给宫廷使用的，这些都可视为官窑制度的前身，逐渐就有人专门进行烧造了。

官窑有两个含义，第一，是为宫廷烧的；第二，是为官府烧造的。因此，宋代有官字款的瓷器未必是为宫廷烧造的，也可能是为官府烧制的。

在定窑、耀州窑、磁州窑、建窑四个窑口中，耀州窑烧过贡瓷，定窑也烧过贡瓷，建窑有的底款也带着“贡御”字样。

宋代　葵口圈足秘色瓷碗
口径 21.8 厘米

图一是一个带官字款的定窑刻莲花纹碗，底下写了一个“官”，虽然不能由此判定它就是宫廷用品，但宫廷里绝对用过定窑制品，这个官字，可能是宫廷，也可能是官府。

图二是耀州窑瓷器中“官”字款的标本，是五代到北宋期间的，它也有“官”字，1953 年在北京广安门地区出土了大量耀州窑的青瓷，表明了当时耀州窑确实要进贡朝廷。

图三是建窑的供御茶盏，这个茶盏的内部非常漂亮，银星闪烁，底

北宋　定窑白釉刻莲瓣纹长颈瓶
河北定州市博物馆藏

五代　耀州窑“官”字款碗标本

宋代　建窑供御款茶盏

下写着两个字“供御”。建窑茶盏的底下写“供御”“进盏”的都非常多，都是进贡给朝廷使用的。当时人愿意使用这种茶盏，宋代的大文豪们，比如苏东坡、黄庭坚等，都对建窑茶盏有过赞美之词。宋代的制瓷业非常发达，在中国的大江南北都有大量的窑址，通过研究这些窑址，能够认知瓷器的发展规律。

北宋　耀州窑刻花牡丹纹瓶
高 48.4 厘米　上海博物馆藏

宋代　钧窑玫瑰紫釉花盆
高 18.4 厘米　故宫博物院藏

北宋　磁州窑白地黑彩刻花枕
长 30 厘米　上海博物馆藏

南宋　龙泉窑盘口凤耳瓶
高 25.5 厘米　台北“故宫博物院”藏

南宋　景德镇窑影青釉刻花莲瓣纹莲蓬钮盖盅
高 14.5 厘米　观复博物馆藏

南宋　吉州窑梅枝玳瑁釉纹碗
直径 10.6 厘米　上海博物馆藏

南宋　建窑黑釉油滴碗
口径 12.6 厘米　观复博物馆藏

唐代　邢窑“盈”字款白瓷碗
口径 16 厘米　观复博物馆藏

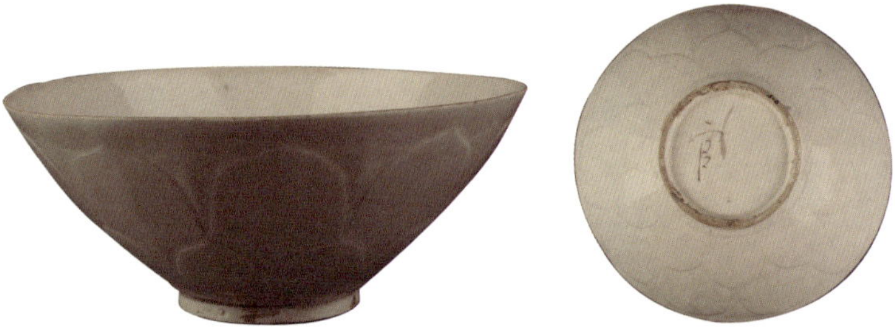

北宋　定窑刻莲瓣纹碗
定州静寺塔基出土

3. 北方哪个省份发现的宋代窑址数量最多?

马未都评：中国古代与今天有很多不同，今天的政治中心在北京，但经济中心未必是北京。在古代，经济中心一定是政治中心，因此，在宋代，河南省的窑址是到目前为止发现最多的。

河南的窑口十分密集，这是因为当时北宋的国都在河南开封，所以开封地区的窑口非常多，政治和经济中心不可分割，这是中国历史上的情况。宋金时期河南省是中国烧窑最为集中的地区，从新中国成立以来出土的全部窑址来看，这一地区所占的比例最大。

新中国成立以来发现的古代窑址分布在 19 个省市自治区，其中有 170 多个县，宋代窑口分布于 130 多个县，占总数的 75%，也就是说，3/4 都是宋窑，可见宋代瓷器的发达以及对社会经济乃至对世界经济的影响。

在河南登封曲河宋代窑址附近的清代碑记上记载：“尝就里人偶拾遗物，质诸《文献通考》而知，当有宋时窑场环设，商贾云集，号邑巨镇。”中国古代，行为商，坐为贾，也就是往来做生意的称为商人，而坐地做买卖的，是贾，这就是“商贾云集”。

古玩门诊

古玩一

宋代　仿战国青铜鼎

这是一个鼎，从造型上看，是战国到西汉时期典型的造型。它有附耳，也就是鼎的边缘有耳。附耳是为了加盖子，防止盖子滑掉。为了方便盖盖子，盖子上在附耳处还会有两个凹陷。这种带附耳和盖子的鼎，是战国以后才出现的。

鼎，通俗来说，就是锅。中国古代实行分餐制的时候，贵族吃自己的一份食物时，鼎有些类似今天的火锅，而鼎上的盖子一般带有三个钮，翻过来可以作为盘子，方便用餐。

这种鼎在战国到汉时期比较流行，它存世的数量比较大，对后世有很深的影响。自宋以后，很多人开始喜欢并收藏它，由此仿制品就开始增多。这是一件宋代的仿制品，而非战国到汉时期的真品，它的纹饰非常浅，触手感觉不到，此外，它的铜质比早期青铜器的铜质致密。从这个鼎的状态上可以看出，它确实是一件文物，只不过是距今800~1000年的古人，仿造了2000年前的青铜器。

古玩二

宋代　敞流石铫子

北京人有一道著名小吃，叫铫子。现在炖铫子都用砂锅，使用煤气，历史上的铫子也是悬空使用，在下面烧火，称为炖铫子。

这种石器造型很有趣，它是宋代的。台北“故宫博物院”有一个定窑白瓷铫子，配有盖子，完好无损，当年进入宫廷时，乾隆皇帝非常喜欢它。

这件铫子本应该有盖，但是已经遗失了。在它的上方原本应有三股铁丝，绞在一起，可以将它吊起，再在下面加温。

这件石铫子留了很大的敞口，是为了向外面倒汤，因为汤中有菜时，圆形无口的话就非常不方便，而留出一个口，方便倒出汤来，再添水继续炖。这个流水的口，专业的称谓是敞流。古代人将水壶的嘴称为流，比如短流、长流，这个叫敞流，上面是敞开的、露天的。

这就是今天依旧在用的铫子的原型，只不过今天的铫子已经改成砂锅了。这个铫子锈蚀得很厉害，可见古人频繁使用它，外表已经烧黑了，但是却不会掉颜色，因此不是新烧的。

古玩三

清代　粉彩人物火锅

这是一个火锅，内部原来有金属胆，不然无法使用，它由上至下是贯通的，原来内部的金属胆可以置炭，金属胆的顶部可以做烟囱，火锅的盖子能够盖在上面，盖子上有四个洞，是用来穿金属把手的，以防烫伤。

这种火锅在清代以后开始增加，最早的是有掐丝珐琅的，始于康熙时期。火锅之所以流行于清朝而非明代，是因为满族人给中原带来了涮羊肉。古代的汉人早期不吃涮菜，而喜欢煎炒烹炸这种厨艺复杂的菜品。古代游牧民族生活艰辛，每日奔波，不会准备太多油盐酱醋，为了方便，就煮一下，在这个过程中发现，要想快速吃到熟食，可以把食物切薄一点，在锅中一涮就熟，再蘸点盐，就会很香。

过去在东来顺，冬天就会涮火锅，大师傅站在外面切肉，十冬腊月天，手全是红肿的，要当着客人面切肉，不但显示肉质非常新鲜，还可以诱惑路人进店消费，这与今天的机器切肉大不相同。在过去，老师傅技术很好，即使观赏切肉，都是一种享受，可以想象出肉的香味。

这个火锅没有内胆，而且看起来没有使用痕迹，也有可能是因为当时制瓷业非常发达，瓷器烧制出来后，再由其他的行业来补充配件，而这个火锅还没来得及配套其他的部分。

百家千味汇盘中

中国有句古话，叫“民以食为天”，无论贫富贵贱，生活当中都离不开柴米油盐酱醋茶。在宋代的经济当中，饮食业是非常丰富的。

一个社会的经济达到了一定水准的时候，首先在饮食上反映出来。宋代社会的饮食首先体现在丰富性上，比唐朝饮食花样更多，不仅是主食和副食，甚至今天的一些传统饮料，在宋代就定型了，比如酸梅汤、桂花汤、果冻。宋代的饮食，无论是原料还是做法，都比之前更加丰富。

这是一个浅碗，也可以称为深盘，从工艺上看是越窑的产品。越窑到了唐代就式微了，五代时期的越窑急剧减少。但新中国成立以来出土的文物中，五代的越窑烧得非常美，甚至超过唐代的越窑。北宋时期越窑烧造得非常多，典型的特征就是变得比较绿，比唐代的橄榄色更加鲜亮。

宋　越窑青釉荷叶双鱼纹盘
口径 17.8 厘米　观复博物馆藏

唐代　越窑橄榄绿釉执壶
高 19.3 厘米　观复博物馆藏

五代　越窑青釉宝珠钮带盖执壶
高 19 厘米　观复博物馆藏

五代　越窑牡丹纹盒
口径 14.9 厘米　观复博物馆藏

北宋　越窑青釉刻花莲纹五瓣花口碗
口径 14 厘米　观复博物馆藏

南宋　景德镇青白釉刻花叶纹渣斗
口径 20 厘米　观复博物馆藏

北宋时期的这类越窑的作品是不多见的，碗内是双鱼，刻画得非常静态，它不表现鱼的动态，有点呆呆的，这也反映了宋代人的生存理念，不逞机灵，而是用“傻”来斗心眼。很多人外表装机灵，实际上是一种傻；有些人外表看起来傻，却非常有城府。

这件瓷器反映出了宋代人的审美趣味和生存哲学，也显示了宋代越窑巅峰时期的工艺，做工精细，非常漂亮，表现的画面是平静的，非常少见。

中国人吃鱼的历史超过吃肉的历史。西方人一般是不吃河鱼、湖鱼这类淡水鱼的，他们只吃深海鱼。而中国人则会吃淡水鱼。中国人善于烹饪，能够把鱼做得非常鲜美。

这是一件宋代餐桌上常用的器皿，理论上讲是公用的，它有两个名字，一个叫渣斗，渣斗是用来丢弃食物残渣的，如骨头、鱼刺；还有一个名字叫它唾盂，也是用来吐东西的。

这是一个景德镇窑的影青的渣斗，上面有纹样，是轻轻刻出来的花卉。从造型上讲，它非常优美，让人们感受到将近 1 000 年前宋代人生活中的优雅。

今天的生活中很少有这种优雅，今天离那个时代已经有 1 000 年了，那个时代究竟留下了多少饮食中的好东西，今天无法全部知道。今天生活中吃到的很多东西，比如爆米花、火腿，都是宋代发明的，今天人们依然在吃，依然给我们生活带来了快乐，不仅是饮食的口腹之快，还有精神的快乐。

今天的文明对于每个人来说，最接近的就是饮食文明，每个中国人，无论走得多远，在世界任何一个地方，胃是最爱国的，一定会找中餐吃，吃哪国的饮食都不如中餐快乐。这种快乐是我们的先人一点一点积累的，让我们养成了今天的饮食习惯，拥有这种舌尖上的快乐。

1.爆米花是宋代发明的，大米是洗了爆还是不洗爆好？

马未都评：宋代经济中有很多饮食与今天的生活相关，今天的人很少去做爆米花了。过去全国不论城乡，到处都有人做爆米花，做爆米花的米最好不要洗。曾经有外国人到中国来，不知道做爆米花的小炭炉的用途，而做爆米花的小贩就告诉他，这叫粮食扩大器。

爆米花仅用一点粮食，一下扩大成一大堆，做爆米花的小贩常常在街头巷尾吆喝，每家里舀一小碗米，放在小炭炉中转一会儿，最后出锅的时候，会有“嘭”的一声巨响，爆米花就爆成了，变成满满一锅。

做爆米花的技艺宋代就发明了，有一套全套的工具，有煤、小火炉、风斗以及把手，压住把手，给予一定的压力，凭借经验来做爆米花。

宋代人范成大在《吴郡志·风俗》中记载：“上元影灯巧丽，它郡莫及，有万眼罗及琉璃球者，尤妙天下。以糖团、春茧为节食。爆糯谷于釜中，名孛娄，亦曰米花，每人自爆，以卜一岁之休咎。”

“上元影灯”就是上元灯彩节，也就是元宵节。“他郡莫及”是吴郡以外，也就是今天的江苏苏州地区，其他地方都不如这里。“万眼罗”是一种纱灯，“琉璃球”是玻璃球，内部灯光美丽，有玻璃灯折射。“尤妙天下”，是说天下最美的

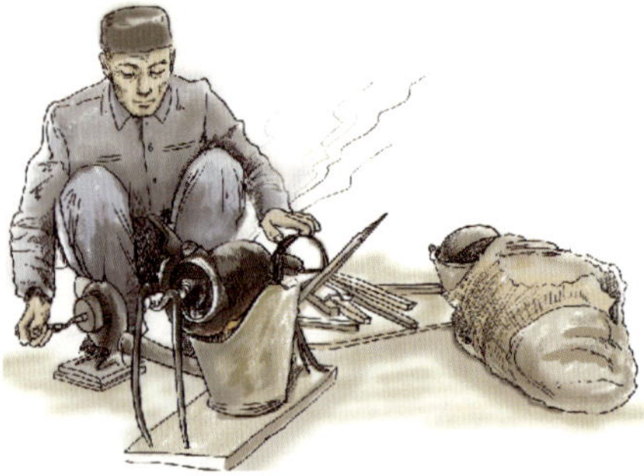

做爆米花

景色。“以糖团春茧为节食”，节食是节日的食品，“春茧”就是宋代的春卷。“爆糯谷于釜中”的“糯谷”就是黏米，北方人俗称江米。“亦曰米花”，这就是爆米花。“每人自爆，以卜一岁之休咎”，有人用它算命，占卜流年，也就是第二年的事。

在宋代，爆米花还能用来占卜，看爆花的程度，来占卜来年是否有好事。在爆米花出锅的时候，伴随着“嘭”的响声，如果看到没有完全爆开，那就是流年不利。这虽然带有迷信色彩，却是生活中的一种快乐，即使大家知道这是迷信，依旧会相信，如果爆米花大部分都能爆好，第二年一定生活更好，这就是讨一个口彩，也是对美好生活的一种憧憬。

2. 火腿为什么叫火腿？

马未都评：火腿是宋代发明的食物，这种食物在今天的大江南北都能吃到，猪肉经过腌制，切开以后颜色鲜红如火，故称火腿。宋代文豪苏轼在《格物粗谈 · 饮食》中记载：“火腿用猪胰两个同煮，油尽去。藏火腿于谷内，数十年不油，一云谷糠。”这是火腿的制作工艺，火腿并不是烤的。苏东坡有“老饕”之“美”称，他就喜欢吃，是个胖子，曾经把一把交椅压垮了。

中国有几个地方产火腿，比如云南，云南的火腿叫云腿。火腿有南腿和北腿之说，南腿指的是浙江的金华、义乌产的火腿，也称金华火腿；北腿是指江苏如皋地区出的火腿，如皋相对于浙江是偏北的。

火腿在宋代的时候就被列为贡品，据说是宋代的抗金名将宗泽发明的。宗泽抗金有功，百姓们送猪犒劳三军，猪肉一时吃不完，就用盐腌制起来，带到京城，皇帝看到这种肉切开鲜红如火，十分高兴，称之为火腿。但这仅是一则记载，不足为据。

中国人的大部分生活的习惯都是从宋代定型的，陈寅恪先生说过“唐之事近于古，宋之事近于今”，陈寅恪先生是当代的史学大师，一句话就概括出了唐宋的生活习惯特点。唐代以前就是古代，宋代以后与现代差不多。所以今天中国的饮食习惯，包括一日三餐制度，都是从宋代传下来的。在唐以前都是一日两餐，到宋代，有钱人就开始吃三餐了，没钱人吃两餐，逐渐演化成一日三餐的习惯。宋代饮食，从烹调技术、饮食品种来讲，包括火腿的腌制技术，与今天都没有太大区别。

苏轼

3. 宋代的炊饼、烧饼、汤饼在今天指什么？

马未都评：《水浒传》中的武大郎是卖炊饼的，炊饼就是今天的馒头，历史上称为蒸饼，为了避宋仁宗赵祯的“祯”字，避“蒸”为“炊”。烧饼就是火烧，今天也叫烧饼，或称胡饼，烧饼不是汉人发明的，而是游牧民族教给汉人的一种饮食方法，西北地区今天还有烤馕，直接用火烤制。游牧民族愿意烧而不愿意蒸制面食，是因为取水困难，因此发明了直接用火烤制的烧饼。

汤饼一定要有热水，汤是开水，面食统称为饼。今天的饼概念很清晰，圆形扁的称为饼，宋代的汤饼就是面片、面条，统称为汤饼。

明代王三聘《古今事物考》中记载：“凡以面为食具者皆谓之饼，故火烧而食者呼为烧饼，水瀹（yuè）而食者呼为汤饼，笼蒸而食者呼为

烧饼

新疆烤馕

面条

面片汤

蒸饼，而馒头谓之笼饼是也。”凡是面食都可以称之为饼，“水瀹而食”的瀹就是用热水氽一下；笼饼，就是蒸笼中的面食，意思相同。

在今天面食分得很清楚，馒头是馒头，包子是包子，但是南方也有把馒头称为包子，或将包子称为馒头的，这都是地域文化特征。

中国文化本身就是求异的，文化切忌求同，文明却是求同的。全世界的文明现象都逐渐向同一个方向发展，但文化一定要保持自己的特性，才能生存下去。

古玩门诊

古玩一

宋代　福建窑口青釉划花碗

这是一个粗瓷大碗，它虽然粗，内部却有花卉纹饰，尽管画得很简单。这种粗瓷碗是宋代时期的社会主流，虽然今天在博物馆中能看到很多精细的制品，但是那些并非社会主流，宋代社会中大部分人使用的碗，都是这种粗瓷大碗。这种碗一直延续到今天，很多乡村地区还在使用，所以在中国漫长的历史进程中，大部分器物都是大众化的。

这种大众使用的碗，产地大概在福建。当时这类的粗瓷大碗外销非常多，因为当时东南亚地区更为落后，在东南亚，即使是这种碗，也算是精细的制品。在 1 000 年前，这样的碗在当时也算是不错的，有釉，烧结温度也挺高。

这个粗瓷大碗传递了很多信息，第一，证明了宋代的窑口非常多，不仅有八大窑，除了景德镇等有名的制瓷中心，其他窑口也能烧造很多精细的瓷器。第二，通过这个碗内部的纹饰，能看到在最下层、最普通的商品中，依然有对美的追求。第三，它的造型，略有外翻唇，符合宋代器型特点。第四，这是用来进行海外贸易的，用这些陶瓷产品，可以换外汇，当时用这样的产品都可以换得外汇，可见宋代所处的经济地位。

近几年，由于需求增多，人们喜欢收藏，因此，很多人都去勘察沉船，争取捞到文物中的精品。按照国际公约，公海上的出水文物，归打捞者所有。

海捞文物的价值高低，主要取决于它的数量和质量，因为物以稀为贵。这件粗瓷碗虽然相貌平平，但也有它的文物价值。

古玩二

宋元时期　和田白玉花卉带钩

这是一个和田玉带钩，也叫带扣，这种器物从战国起就非常流行，一直流行到明朝。每个时代的带扣都有其时代特征，这种带钩也叫琵琶钩，形制短粗，而长形的琵琶钩更常见。这件玉带钩上面的花卉纹样是镂空的，工艺较复杂，带钩下面的钮上也雕刻了花卉。

这种带钩与明清时期的带钩比较，时代偏早，大约在元代，带有很多元代，甚至是金代特征，它带有一些时代的延续特征。它的材料是新疆和田玉，玉质不错，工艺细致，这件带钩的制式非常稀有，从收藏角度看是一流的。

情韵之美醉文学

每个人的思想表达，都借助于文学艺术，它是人们最直观的一种表达载体。宋代文学是一个过渡时期。经济高度发达，对文学产生了极大的催生作用。唐代知识分子的追求更多注重的是精神层面，到了宋代就落到物质层面。宋代人对物质上的追求远远超过唐代。因此，宋代的文学是一个从雅到俗的转变时期。

这是一个清代的小玉杯，是文人案头的陈设，作为文人的喜好，放置在案头，也可以当作水盂。

小玉杯上面有诗文："暮暗来客去，群嚣各收声。悠悠偃宵寂，亹亹抱秋明。世累忽进虑，外忧遂侵诚。强怀张不满，弱念缺已盈。诘屈避语阱，冥茫触心兵。败虞千金弃，得比寸草荣。知耻足为勇，晏然谁

清代　三松轩制白玉刻韩愈诗文杯
口径 5 厘米　观复博物馆藏

汝令。”这是韩愈的《秋怀诗》之十，他一共写了十一首《秋怀诗》。这首诗的大意是，人要不停地提醒自己作为文人的修行。

这个清代人的文房小件上刻着韩愈的诗，表明了对唐朝文人的尊重。很多文人都做过《秋怀诗》，秋天是很容易感伤惆怅的季节，与春天是不一样的。今天到了秋天，从蔬菜到水果，包括房间里也可以四季如春，所以对秋天的感受不如古人那么强烈，古人一到秋天就会怀秋，天气变得寒冷、萧瑟，树叶落下，万物肃杀，因此古人在秋天就会非常感伤，而将韩愈写的这首《秋怀诗》刻在这件小文具上，其实是给文人一个警示。

这是松烟墨，呈方条状，它非常轻，是宋代的墨，至今依旧能用，研出来还可以写字、画画，墨色非常收敛。

墨与文学息息相关。文学是社会所有艺术的基础，一个社会的艺术状态优劣，与其文学状态有直接关系。汉代、唐代、宋代的艺术品都非常有文化内涵，这是因为当时的文学状态非常好。当文学状态走下坡路的时候，社会中其他的艺术形态都不可能变得更好。

宋代是中国历史上文人荟萃的时代，百花齐放，文人灿若星空，数不胜数。今天即便是研究宋代文学的人，对宋代文学的了解程度，也只是沧海一粟。

北宋　崇宁五年徽州造款松烟墨块
长 15 厘米　观复博物馆藏

民国　陈半丁款铜梅花诗文墨盒
长 9.5 厘米　北京保利

文学能够跨越时空留到今天，是因为有文字，文字是靠毛笔和墨留下来的。古代没有录音、录像这种跨时空传递的媒介，今天能看到最早的影像，是静止的照片，大约只有不到 200 年的历史，而动态电影，距今只有 100 多年的历史。因此，通过现代媒体，比如电视、网络，能留下来的也无非是几十年的历史，很难预料能留存到多久。

今天能看到的 1 000 年前宋人留下的墨迹和文章，是中华民族的财富，经过历朝历代一点一滴的积累，才达到了今天的水平，成为全世界一个伟大的民族，这都是因为有文学的存在。

1.科举考试中的秀才、举人、进士，哪个地位最高？

马未都评：宋代是个修文偃武的时代，提倡文治，所以宋代文人待遇都很高。而文人的待遇很大程度上依赖于科举制度。

三元及第，就是说在乡试、会试、殿试中都取得第一名。在中国科举史上，只有 15 个人曾经三元及第，唐朝有 2 个，辽朝只有 1 个，宋朝有 6 个，金朝 1 个，元朝 1 个，明朝 2 个，清朝 2 个。而连中三元的人，历史上只有 3 个人即宋代的宋庠、冯京，清代的钱棨。对老百姓来说，这 15 个人名气都不是太大，历史上的大文豪都没有三元及第。宋代社会的整体态势是修文偃武、重文抑武，用文人治国。宋代的文人通过科举考试来确立自己的地位。

在中国古代，一个国家的国策是最高领导人定下来的，宋太祖赵匡胤就定出了修文偃武的国策。宋太祖下令，不准考生对考官说出师门，统一称为天子门生，将师承的说法去掉，防止相互拉关系。此外，对考卷进行糊名，也就是将试卷上的名字盖上，这是第一细则。但糊名制出现以后，还是有问题，有人会认笔迹，于是出现了第二细则，称为誊录，将所有的考卷找专人抄一遍，这样就无法辨认原本的笔迹。

糊名和誊录制度对宋以后的科举产生过很大影响，保证了老百姓和最下层人的利益，保证了中央政府能够源源不断地接收人才，读书人可以凭个人的本领成为国家栋梁之材。

2. 唐宋八大家，宋代文人占几位？

马未都评：文学本身是一个非常抽象的概念，落实到具体上，有时候往往要落实到人身上。唐宋八大家中，唐代有两位，韩愈、柳宗元；宋代有欧阳修、“三苏”（苏洵、苏轼、苏辙）、王安石、曾巩，唐宋八大家以其散文成就被后世公认。

欧阳修的《醉翁亭记》写得摇曳生姿，每一句话都能给后人提供无尽的遐想。王安石的《读孟尝君传》、苏轼的《记承天寺夜游》等，都是历史上的名篇。

唐宋八大家中，宋代占了六席，这是因为宋代文坛初期，文坛形成一种萎靡之风，写得非常华丽，但华而不实，全是空话、套话，历史上一次次地提倡改良这种文学的表达，于是宋代初年对文学的奢靡之风进行改革，提倡韩愈、柳宗元风格的散文，写得非常真实。

今天有一个词叫落地，文章一定要写得落地，主张重道，文章内容是实实在在的。当欧阳修登上文坛以后，变成文坛的领袖，对诗文的改革起了极大的推进作用。

欧阳修像

3. 陆游的《钗头凤》是写给谁的？

马未都评：宋代的文学造诣最高的就是宋词。陆游的《钗头凤》是他非常有名的一首词："红酥手，黄滕酒，满城春色宫墙柳。东风恶，欢情薄。一怀愁绪，几年离索。错、错、错。春如旧，人空瘦，泪痕红浥鲛绡透。桃花落，闲池阁。山盟虽在，锦书难托。莫、莫、莫。"这是陆游写给他的前妻唐婉的。唐婉既是陆游的表妹，也是他的初恋。

南宋绍兴初年，陆游和唐婉这对青梅竹马的年轻人，沉浸在新婚宴尔之中，然而飞来横祸，两人为筹捐善款助人，而把传家之物凤钗典当成钱财捐出。具有强烈封建思想的陆母，深怕得罪朝廷，把所有的罪过都归结到唐婉身上，强行拆散了这对爱人。然而，陆游金屋藏娇，期待母亲回心转意，可是等来的却是陆母再斩情丝。无奈之下，陆游再娶，杳无音讯。唐婉心灰意冷，顺从父命再嫁。10 年后他们再次相遇在沈园，这个曾经见证他们美好爱情的私家别院，顿时使他们深埋在心底的相思之情喷涌而出。旧情犹在，又无法诉说，一段凄凉而又美丽的爱情成就了两首《钗头凤》，成为流传百世的千古绝唱。

一般来说男人都记得住初恋，陆游的《钗头凤》是他对初恋的一种怀念。宋代的词人很多，宋词一般分豪放派、婉约派，豪放派有苏轼，婉约派有柳永、李清照。但豪放派的苏轼也会写婉约的词。苏轼写了两首《江城子》，一个是《密州出猎》，一个是《记梦》，《记梦》就是一首婉约词。这两首词写于同一年，用韵都是一样的。《江城子 · 密州出猎》非常有名："老夫聊发少年狂。左牵黄，右擎苍。锦帽貂裘，千骑卷平冈。为报倾城随太守，亲射虎，看孙郎。酒酣胸胆尚开张。鬓微霜，又何妨。持节云中，何日遣冯唐。会挽雕弓如满月，西北望，射天狼。"这首词开篇就写得非常有气势，是苏轼豪放派的代表作品。

《江城子 · 记梦》内容是这样的："十年生死两茫茫，不思量，自难忘，千里孤坟，无处话凄凉。纵使相逢应不识，尘满面，鬓如霜。夜来幽梦忽还乡；小轩窗，正梳妆，相顾无言，惟有泪千行。料得年年断肠处，明月夜，短松冈。”苏轼与他的前妻也是初恋，结婚的时候苏轼的前妻16岁，苏轼19岁，这是女子和男子最怀春的时候，大好年华一点也没浪费，直接结婚了。然而，苏轼的妻子27岁的时候就去世了。这首词写于苏轼40岁的时候，他的妻子已经去世10年了，因此他在开篇单刀直入，“十年生死两茫茫”，妻子去世了，我活着，去世的人和在世的人在不同世界都度过了10年，但两人相互之间都是不知道的。即使不去想念，也无法忘记。“千里孤坟，无处话凄凉”，是说当时苏轼在山东，他的妻子埋在四川，远隔千里，相隔十年，即使今天两人再相见，相互之间也未必能认出来，因为这些年苏轼到处奔波，头发都白了。这是词的上半阕，是写实部分。

下半阕写的是苏轼的想象。诗人做了一个梦，梦见了妻子在轩窗下梳妆打扮，意境优美，情感缠绵，丝毫没有豪放派的风格。“相顾无言，惟有泪千行”，是说两个人相互看见了，却无法诉说别情，只能相视流泪。“料得年年断肠处，明月夜，短松冈”，画面定格在这里，干净利落。苏轼这首诗，表达了他的伤感之情，在今天，人们即使有这种感情，却无法写出这种词来。两首《江城子》虽然写于同一年，使用同韵，文风却是不同的，这就是宋代文豪的能力，让今人也能感受到古人的细腻心绪。

古玩门诊

古玩一

明末清初　刻字黄铜熏炉

这是一个黄铜的香炉，香炉下面刻着行书“一枝独占春光早”，原本它应该有个平的盖子，是镂空的，有图案，一般是山水。从底部的刻字，可见工匠的功力。刻铜在古代是一门工艺，古代的刻铜除了刻字，还能刻画。在铜上，将字刻得与写的一样，是一件很难的事。“一枝独占春光早”，说明在盖子上可能有镂空的花卉，与文字的内容相呼应。

虽然缺失了盖子，但依旧可知这是个香炉。香炉有三种，一种是供香的，也就是佛前供器；一种是取暖的，称为暖炉；还有一种是熏炉，这种属于熏炉。

从造型和铜质，以及下面书写的风格来看，可以判断这件熏炉大约是晚明到清初时期制作的，距今有300多年了。很可惜，留有最重要的文化信息的盖子缺失了。

古玩二

清乾隆　和田白玉扳指

这是个扳指，这件扳指内部有斜坡，所以佩戴时是有方向性的。扳指是古代弯弓搭箭时护手指的，因为箭翎子很容易把手指伤了。清朝以武力获得天下，为了记住祖训，扳指成为一个武力治国的象征。但不幸的是在清朝的 200 多年的历史上，扳指逐渐演化成一个王公贵族向人炫耀的东西，尤其到了乾隆年间，拥有一个好扳指是很让他人羡慕的，如同今天的高级手表。

这件和田玉扳指玉质非常白，并且温润，是顶级玉料，只有到了乾隆时期才有如此白的玉，而早期康熙时候，中原与新疆和田的玉路还没有打通，因此，那时候玉的质量不如这块玉。

这是最好时期的一个白玉扳指，它通体全素，因为玉质太好了，工匠不舍得去雕一刀。这件扳指体现的是玉质本身的材质之美，距今有 200 多年了，反映了清朝的尚武文化，流传到今天实属不易。

古玩三

这是一个五彩将军罐，它的画片是个名片儿——“四妃十六子”，

清初期　五彩“四妃十六子”将军罐

它的画工十分流畅，颜色漂亮。“四妃十六子”寓意多妻多子多福。“四妃十六子”是清代非常流行的传统画片儿，从康熙开始就非常流行，经过明末的战争，人口减员，整个国家伤亡巨大。每次改朝换代的时候，最遭殃的就是百姓，因此清初提倡人口增殖，百姓有能力就多生。“四妃十六子”作为一种文化象征，也是国家的一种提倡。

清代初年，尤其康熙年间的瓷器上，非常流行画“四妃十六子”，这是一种传统说法，上面的人物多一个少一个都很正常。像这个上面画了 15 个小孩，盖上有 3 个小孩，总计有 18 个。

这个将军罐画得非常好，布局很均衡，小孩是嬉闹的状态，有大有小，有的自娱自乐，有的被人抱着，而每个孩子手中拿的东西都有含义，比如爵杯，寓意加官晋爵，还有萱草、莲花等等，也是吉祥的寓意，而罐子本身谐音“官”，也有加官晋爵之意。

这个将军罐的美中不足之处，是在历史上受过伤，但这就是真实的历史，不是每件东西都会非常圆满的。这件将军罐已经很圆满了，它还保留着盖子，画片也非常完整，虽然有几个冲口，却不影响欣赏。

海上丝路说贸易

海外贸易是一个国家对外交流非常重要的窗口，中国的海外贸易在国际贸易中，处于主导地位。

中国古代社会经济繁荣的时候，一定是向外输出的，中国人对日常商品的生产能力是超强的。由于宋代经济大环境的繁荣，其海外贸易也在当时的经济环境下，占据了非常主要的地位，开始繁荣、强大起来。

这是一个金锭，也称为金铤，拿在手中很重，上面写着“二十两”，二十两在宋代是小两。金铤的背面刻着“淳祐七年蕙字号，十分赤金”，这是十足的赤金，也就是纯金二十两。

宋代　二十两金铤
长 7 厘米　观复博物馆的藏

这个金铤能够反映宋代的贸易状况。理论上讲，这是一种库存金，在交易中不常使用，因为它的价值太大，用金铤去作为一般商品的贸易很不方便，因为无法找零。但这种金铤在大宗贸易中非常重要。在古代的商船中，比如唐代的“黑石”号，还有宋代的商船中，都发现了金铤。金铤是作为大宗贸易的交换凭证，比如说一船瓷器，用若干个金铤就能够交易，非常便利。

中国古代的钱是计重的，一贯钱很重，一个金铤相当于多少贯，也需要换算，如果兑换成铜钱，基本拿不动，于是金铤就变成最浓缩的货币，保存下来。理论上来说，金铤的保存十分不容易，在历朝历代中金子都有价值，很容易被熔化后制成本朝的金铤，宋朝的金铤到了元代被化掉，制成元代的金铤，因此很难保存下来。这个金铤经过 1000 年的时光留存到今天，向人们展示了当时国家大宗贸易的能力。

这是一个宋代龙泉窑的香炉，它体现着宋代收敛的文化，从赵匡胤立国起，宋代就提出了“以文治国”的政治方略，在整个宋代 300 年的时间里，一直贯彻着这个方略。

南宋　龙泉窑官釉弦纹三足炉
口径 16.5 厘米　观复博物馆藏

唐代 “黑石”号出水金器一组

这是一件普通的宋代龙泉窑弦纹香炉，它的装饰只有数道弦纹，很简素。颜色是人们常见的梅子青，这种美不胜收的颜色，给人的感觉是很难用语言传达。

宋代的这种美学追求，源于其整体“文治”的治国方略，在这种国家方略的前提下，才有了发达的经济。中华民族是一个非常具有创造力的民族，每个民族的成员都有极大的生活热情，促使中国的商品变得非常丰富，使中国人愿意通过贸易这种形式走出去，将中华文化向海外传播。

在今天，提到瓷器，不能不提到中国，所有的文化积累都是历朝历代的积累，但宋朝一代做了非常强大的积累，一直影响到今天。今天，提到宋朝的时候，中国人依然为其文化的灿烂而自豪。

1.我国在南海发现的宋代时期的沉船，长多少米？

宋代经济中的海外贸易，与一个载体有关，就是船。南宋的“南海一号”是1987年的时候出水的。当时在南海打捞另一艘船的时候，发现一些金银器、陶瓷器，与预计打捞的船年份不相符，就这样意外地发现了“南海一号”。

“南海一号”沉没于现在广东省阳江市南海海域，是目前发现的世界上规模最大、保存最完整的宋代古沉船。“南海一号”沉船目前出水约6 000多件文物，种类繁多，囊括了瓷器、铁器、铜环、金器和铜钱等。现已出水的瓷器汇集了包括德化窑、磁州窑、景德镇窑、龙泉窑在内的宋代著名窑口的器物，品种超过30种。

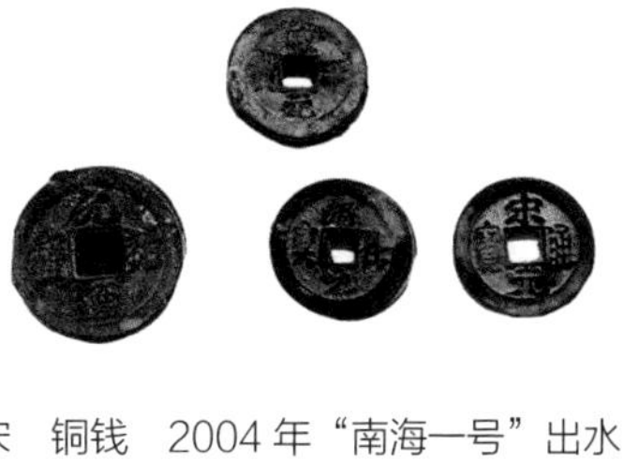

宋　铜钱　2004年“南海一号”出水

宋　铜环　2007年“南海一号”出水

而大量的铜钱和金器，不仅体现了船主的富裕，更是宋代国力强盛的证明。“南海一号”的发掘，为复原中国古代海上丝绸之路提供了大量极为难得的资料，同时，它也是世界考古史上无价的瑰宝。

南宋　景德镇窑青白釉刻花出筋菊瓣斗笠碗
“南海一号”出水

南宋　景德镇窑青白釉印花葵口盘
“南海一号”出水

南宋　德化窑白釉印花粉盒
“南海一号”出水

南宋　德化窑白釉刻花大碗
“南海一号”出水

南宋　磁州窑酱釉扁壶
“南海一号”出水

南宋　磁州窑绿釉印花碟
“南海一号”出水

南宋　龙泉窑青釉刻花纹碗“南海一号”出水

这艘船上所载的商品是非常丰富的，这些瓷器与今天出土的宋朝的瓷器比起来，相对一般，之所以能够大量运出海外，是因为海外依然有需求。

宋朝有很多商品经过海上运往了东南亚地区，都是近海地区，远洋无法到达，没办法计算。根据勘查和推算，南海地区大概还有几千艘沉船，沉船是一个小概率事件，有那么多船都沉在南海，可见当时的贸易量。

南宋　锡壶“南海一号”出水

南宋　鎏金虬龙纹环“南海一号”出水　南宋　鎏金腰带 1987 年“南海一号”出水

2. 宋代到达的中理国，请问这是今天的哪个国家？

马未都评：宋代到达的“中理国”，就是今天的索马里。索马里海盗近些年非常有名，劫持了很多国家尤其是西方大国的船，索取的赎金都非常高，有一套完整的方法，屡屡成功，只是撞到了中国商船就无法成功。

近几年曾经有中国商船在索马里遇到海盗，中国人用最简单的方法就把他们击退了。躲到房间里，将喝剩下的啤酒瓶子灌满水，扔到甲板上，以至甲板上全是玻璃碎片，而索马里海盗习惯赤足，无法冲锋，进退两难。

索马里海盗

宋代古籍中有关于索马里的记载，赵汝适有《诸番志》，“番”是指海外。书中记载，“中理国，人露头跣足，缠布不敢着衫。惟宰相及王之左右，乃着衫、缠头以别。王居用砖甓（pì）甃（zhòu）砌，民屋用葵茆苫盖……国有山，与弼琶啰国隔界，周围四千里，大半无人烟……”中理国就是索马里，索马里人光着脑袋。在古代，中国人是戴巾、戴冠的，都戴帽子，因此觉得光着头是很野蛮的。“缠布不敢着衫”，中理国普通百姓没有衣服穿，身上只缠着布，只有高官才穿着衣服，头上缠布，区别于普通人。“王居用砖甓甃砌”，“砖甓甃砌”中的“甓”“甃”这两个字不常用，甓是一种砖，甃是砌井的砖，都是生僻字，“民居用葵茆苫盖”也就是说，富人的房子使用砖砌，平民的房子用茅草。索马里地区到今天也是这种状况。

宋代的商船除了到过亚洲各地，也到过非洲，而宋代的海外贸易除了瓷器之外，还有丝绸和茶叶，这是当时三大主打海外贸易商品。

3. 宋于广州、泉州、明州、杭州、密州设有市舶司，密州是今天的哪个省？

马未都评：密州是中国古代的山东的胶州诸城地区，宋代政府设置市舶司，“市”就是市场，指的是交易、贸易。“舶”就是船舶，宋代船舶交易是有专门管辖机构的，由此可见其海外贸易的规模。

市舶司相当于海关，是直接管理船舶和水上贸易的。中国古代的“州”，大小适度，很多州制保留了下来，但很多地方的州制都被改掉了，北方改的比南方更多一些，恢复州制感觉很舒适。

广州、泉州、明州、杭州、密州这 5 个港口，是古代设立市舶司最主要的地方，其中宋代最大的港口是泉州。市舶司主要检查出入港口的船只，征收商税，用来建设公共设施。此外，市舶司收购专卖品和转买品，政府有一部分采购是从市舶司提前收购的。

《宋史·食货志》中记载，“……四年，置市舶司于广州，后又于杭、明州置司。凡大食、古逻、阇婆、占城、勃泥、麻逸、三佛斋诸蕃并通货易，以金银、缗钱、铅锡、杂色帛、瓷器，市香药、犀象、珊瑚、琥珀、珠琲、镔铁、鼊皮、玳瑁、玛瑙、车渠、水精、蕃布、乌樠、苏木等物……”可见当时出口商品的丰富程度。

在整个宋代经济中，市舶司的收入是有一些文献记载的，比如北宋的仁宗的皇祐年间，市舶司收入是 53 万贯，北宋英宗时期，收入就达到 63 万贯了。到了南宋高宗时期，就增至 200 万贯，这就是国家的税收的数量，相当巨大，从北宋到南宋贸易量大约增长了 3 倍。

古玩门诊

古玩一

建国初期　红木五足几

这是一个小几子，它有5个足。这种小几子如果做成四边形的话，从某个角度看，就会有角度残缺，有伤美感。为了解决这个问题，古代一般的圆形的器物都流行做成五足。

这是一个五足的小品大样，古代这种桌子很多，配上五个凳子可以饮茶。它的木头是红木，作为一个架子使用，在家中摆放花盆等陈设品，架起来更美观。比如吊兰，摆放在几子上，从一定高度上垂下来就很好看。

如果陈设想讲究一点，下面一定要有一个架子，在故宫中，有很多这种架子。这种支架在乾隆时期就开始流行，一直到今天。将普通的事情做得繁杂，一定是社会比较富裕的时候。

这个小几子距今几十年，它的上面有冰盘沿，也叫拦水线，放置花盆时如果有水，有拦水线挡着不会向下流。中间的木头是一块瘿木，瘿木也曾经是文人的追求，文人们喜欢瘿木上面疙疙瘩瘩的纹理。

古玩二

金元时期　白玉鳜鱼

这是一个白玉鳜鱼。

鳜鱼是一种食肉性的淡水鱼，相对于其他淡水鱼类，鳜鱼肉质更为鲜美，是一种不可多得的昂贵食材，故而又被一些地方取谐音称为“贵鱼”。臭鳜鱼是徽州菜代表之一，由于鳜鱼长得最为肥嫩，用盐或浓鲜的肉卤腌制，再用传统的烹调方法烧制，就成了安徽名菜“臭鳜鱼”，味道略像臭豆腐，越臭越香。

作为中国四大淡水鱼之一的鳜鱼，除了作为餐桌佳肴之外，在文学上也有很重要的位置，“西塞山前白鹭飞，桃花流水鳜鱼肥”，就是唐代诗人张志和在《渔歌子》中对鳜鱼的描述。

鳜鱼的一个典型特征是噘嘴，是中国吉祥纹饰中非常流行的纹样。比如齐白石有一幅画——《长年大贵》，画了一条很长的大鲶鱼，再画一条大鳜鱼，因此叫“长年大贵”，寓意吉祥。

这条白玉鳜鱼身上没有鳞，只做了一种星状纹，完全超乎了自然的描绘。鳜鱼的鳞很细碎，而鳜鱼本身是花的，鳞看不清楚，不方便刻画。因此，工匠就使用星状纹。星状纹是一个工艺年份标识，它的最下限到明朝，清代就不会再做这种花纹了，会做得非常具体。

这条白玉鳜鱼在当时不是用一块材料直接去做，而是一块下脚料，它的表面是不平的，带有弧度，因此可能是在制作其他玉件时，切下来的一块。而这一块下脚料本身就是弯曲的，如果取直，则会浪费很多材料，因此工匠索性顺着这块料，最大量地将鱼做出来。

鱼的身体是有弹性的，原本是直的，但放下又会弯起来、跳起来，这块玉利用了鱼的弯度瞬间，表达鱼的动态，包括鱼身上的水草，如同飘带。这种玉器从宋到明的变化不大，它与金元时期的风格非常非常吻合，最下限不会晚于明朝，上限不会早于宋，一般来说是金元时期制成的。

古玩三

清晚期　树德堂粉彩寿碗一对

这是两个碗，底款是“树德堂制”，两个碗画的颜色和工艺没有区别，内容是有区别的。碗内一个画着桃，一个画着寿，非常漂亮。在碗的边沿分别用红字写着“陈母杨太夫人八旬晋五制庆”和“陈母杨太夫人八旬晋六制庆”。也就是说，其中一个碗是太夫人85岁时做的，另一个碗是太夫人86岁时做的。按照古代的情况，80多岁，已经可以四世同堂了。

这位老夫人85岁的时候，家人给她定烧了“寿”字的一堂瓷器，而在老人86岁时，又定烧了一套。而这两套中大部分都在长久的岁月中打碎了，到今天就留下这两个碗。

这两个碗是清末民初时候的，距今大约100年，应该是一个比较富裕的家庭为老人定烧的，有能力去定烧，除了表达孝顺之心，也体现了其经济实力。中国古代的很多瓷器都是富裕人家为了办喜事而定烧的。在今天就没有这个需求了，社会也不再流行这些。

这两个碗非常有趣，85岁的时候碗内画的是团寿，86岁的时候有一个小小的变化，碗内画了一个寿桃，希望老人健康长寿，这个老人非常有福气。

去芜存菁简化字

汉字也称中国字，这是在汉代以后形成的一个文字概念。中国字是典型的象形文字，在世界文字的历史上，只有汉字经历了将近 5000 年的时间延续至今，从未间断，这是汉字的一个典型特征。汉字是中国的文化基因，构成了中国文化，形成了中国的文化情感，而简化字是汉字发展不可逆转的方向。

这是两个簪子，一个是清代的，一个是明代的。这个清代的簪子上，有“福”“寿”两个字，“寿”字是个异体字。这个簪子是清初的，上部微微颤动。做成这种颤动的簪子，是有原因的，有一种首饰叫步摇，人佩戴上，走动的时候，它会颤动，而人的视觉有一个典型的特征，对动态的物体会更加关注，因此古人利用人眼的特点，做出了能颤动的发

明代　嵌宝石龙纹金发簪
长 15.6 厘米　观复博物馆藏

清代　金累丝镶红宝石福禄寿纹金发簪
长 14.2 厘米　观复博物馆藏

簪，女性戴到头上，走动时非常漂亮。这件明代的发簪虽然不能摇动，但镶满了宝石，宝石有光泽，可以反光，也能够吸引人的注意。

“发”对应两个繁体字髮（fà）和發（fā）。在古代“发”是两个字，头发的“发”，写作“髮”，这个字与胡须、头发有关，因此今天的发廊一般都写髮，读作（fà）。在发行和发展的时候写作發（fā）。

發 髮

是笑胜如哭，闲散胜过拘束。无荣无辱，知足常足。盖得三间茅草屋，矮着明窗高种竹。休问卜，知此人间真福。

——《朝天子》

这是一个金代的磁州窑梅瓶，梅瓶上写着一个《朝天子》的词牌，字写得很草率，上面的词牌没有作者。唐诗、宋词、元曲中有很多流散在民间，今天在瓷器上发现的，大多数都没有作者。

金代　磁州窑墨彩诗文梅瓶
高 30.8 厘米　观复博物馆藏

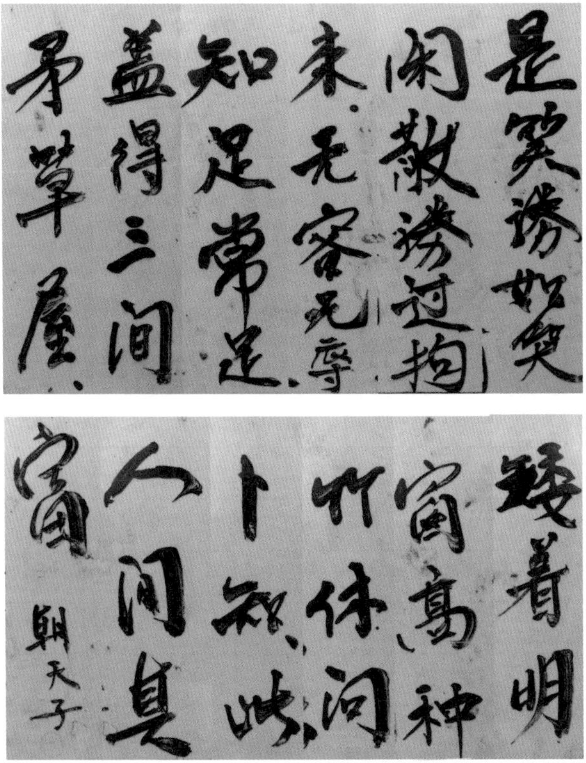

梅瓶诗文

这件瓷器上的词牌上写错了几个字，如“无荣无辱”，“荣”写成了“容”；“茅草屋”写成了“矛草屋”。“知此人间真富”，原本应该是“此是人间真福”，诸如此类的错字很多。

这个错字连篇的民间酒瓶子，上面的小令中，有一些简化字。比如“问”字里的“门”就是简化的，这是因为草书中的“门”就是简化的。

简化字为今天的中国人带来了很多便利，使中国的教育的普及变得切实可行。中国的教育的普及中，最重要的就是识字，一个遍地都是文盲的国家，是不可能成为世界强国的，因此，中国有九年义务教育，这种普及教育非常重要，而简化字是第一关。

1.简体字比繁体字平均简化了多少笔画？

廳—厅	25—4画
韆—千	24—3画
豐—丰	18—4画
纔—才	23—3画
藝—艺	18—4画
雙—双	18—4画
廠—厂	15—2画

马未都评：汉字的造字有六个原则。第一个是象形，比如今天的“日”“月”“山”“川”都是象形字，最初的“日”就是画一个圆，中间点一个点；“山”就是画一座山峰。第二是指事，“上”“下”是最典型的，这一个横，上面点一下，就是“上”，下面点一下，就是“下”，这就是指事。“凶”是一个坑，人掉进去了，就是凶。第三个是形声，汉字在造字过程中，有些字要依赖其他字发声，所以今天念半边的字，全叫形声字，比如楠木的“楠”，鲤鱼的“鲤”，沐浴的“沐”，叮嘱的“叮”，都念半边。第四个是会意，有很多字都是用这个方式造出来的，比如“解”；是将牛分解开来，拿刀把牛肉和牛角分开，就是“解”；“鸣”是鸟的口发出的叫声；“尖”

字更容易理解，上面小，下面大就是“尖”；“磊”的意思是石头多。

汉字的前四种造字原则，象形、指示、形声、会意，是今天造字最常见的原则，其他两个原则是非常少用的，甚至有很多学者认为可以忽略不计的，就是转注和假借。借助汉字的四种造字方式，人们能理解大部分汉字。

1964 年公布的简化字总表中，把平均每个汉字由 16~19 画简化为了 8~11 画，平均大约简化了 7~8 画。

中国汉字有造字原则，简化字也有它的原则，中国从甲骨文到大篆、小篆、隶书、行书、草书、楷书，这些写字的方式就是一个简化过程，小篆比大篆简化，隶书比小篆简化，为了方便人们书写，简化是一个趋势。

新中国建立以后政府推行简化字，是为了让人民普遍接受教育，中华人民共和国的成立是中国历史上一个划时代的大事，使所有人都开始有平等受教育的机会。九年义务教育是写进《宪法》的，每个人都有受教育的机会和权利。但在古代，穷人是很难有机会读书的，因此，古代的读书人百不足一二，简化也不太重要。而今天读书的人多了，如果文字过于复杂，书写速度过慢，将会影响我们的沟通。所以在制定了原则的基础上，国家开始颁布简化字，尽管简化字有很多争议，但总体趋势和愿望是好的。

2. 汉字简化是遵循原则的，请问采用了几种方式？

马未都评：汉字简化有四个原则。第一个方法就是直接简化，“与”字是古人用过的，“吴”字是历史上有的，所以直接使用其简化字。第二个方式是省略部分，只留一半。“飛”字留上半部分，“兒”字留下半部分，“雖”字留左半部分，“虧”字留右半部分。第三种是草书楷化，很多字是从草书发展来的，草书写得简单，因此简化字直接从草书中借鉴

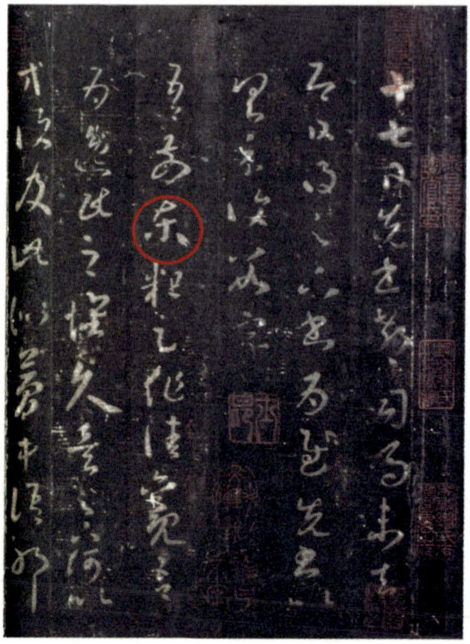

晋代　王羲之《十七帖》

了这些字。王羲之的《十七帖》中有“书”字，有“东”字，“东”字是当时王羲之简化的，是草书，后来楷化，就成了简化字。第四种是同音替代，也就是选择一个音把字替代掉。比如“丑”字，“丑”字也是古代常用的，“子丑寅卯”是在纪年地支中使用的，后来就用同音的“丑”字替代了“醜”。

汉字简化的四种方式

1. 直接简化	2. 省略部分	3. 草书楷化	4. 同音替代
與—与 13–3 画	飛—飞 9–3 画	為—为 9–4 画	幾—几 12–2 画
無—无 12–4 画	兒—儿 8–2 画	書—书 10–4 画	醜—丑 16–4 画
燦—灿 17–7 画	雖—虽 17–9 画	門—门 8–3 画	後—后 9–6 画
龍—龙 16–6 画	虧—亏 17–3 画	東—东 8–5 画	瞭—了 17–2 画

这四个原则是简化字的原则，使汉字变得非常明确，一般从字义上能够理解，就进行简化了。

3.简化字共简化了多少个字？

马未都评：汉字共简化 2 235 个字，这是统计出来的数字，还有 39 个字是习惯上认为的简化字，是一批异体字，加在一起是 2 274 个字。

2 235 个简化字是今天所有的简化字。能认识 1 200 字，就可以摘去文盲的帽子，一般读报纸、报刊都能够理解意思，如果认识 3 000 个汉字，一般图书上 99% 的字就都认得。现在要求认字能够识繁用简，也就是对应的繁体字也应该认识，其实这并不难，因为有规律。

貝—贝，金—钅，糸—纟，言—讠，鳥—鸟，車—车，馬—马

简化字图片（偏旁）

比如金属偏旁的字，现在都简化、草化了，言字旁也是草化了。在古代，言字旁就写一个语言的“言”，后来变成草体了，成为今天简化的写法。

一般写书法的人应该多认识一些繁体字，多书写一些繁体字。有的字在书写当中过于简单，就不够美观。比如“龙飞凤舞”这四个字，“龙飞凤”的繁体字都很复杂，“舞”字本身就很复杂，如果用繁体字写会很漂亮，而使用简体字就没有那么美观。因此写繁体字，对书法来说是一个练习。

有些字在简体中也有一些问题，比如“厂”字，“广”字，将中间的部分全部去掉，字就偏了，不平衡，“厂”字一横一撇，字是半空的，失去了方块字方方正正的感觉，“广”字也偏一边，中间曾经是个“黄”字，因此这种字在简化时，就应该有所考虑。

最后一批被废除的简化字中，“病”字把中间的“丙”字去掉了，单写一个病字边，看起来很不习惯，十分别扭。当然老一代人看“广”字和“厂”就极不接受，内心不舒服。

古玩门诊

古玩一

清晚期　豇豆红水盂

这是一个小水盂，形制比较小，它的品种是“豇豆红”。“豇豆红”就是蔬菜中红豇豆的颜色，外皮也带着这种红色的斑，因此用这种象形的方式命名，称为“豇豆红”。真正的“豇豆红”比这件更加漂亮。

“豇豆红”想烧得非常纯正是很难的，温差超过10℃，就可能改变颜色。因此在康熙时期，很多豇豆红就烧坏了，到了乾隆朝，就不太流行烧制豇豆红色了。而到了清末光绪年间，因为“豇豆红”价格升高，就有很多人去仿制，烧造了很多“豇豆红”，虽然烧出来的并不出色。

这件水盂体量感上比康熙时期的标准器物偏小，款识写得非常好，但写得比较疏，不够密实。这是一件清代后期的仿品，相对常见，距今有一百多年了，它并非康熙本朝的，颜色不佳。豇豆红中没烧好的颜色，称为“驴肝马肺”，红色不够亮丽，有点发灰。这件是清代后期豇豆红再度流行时期的仿品，保存状态很好。

古玩二

清末期　孔雀绿长颈瓶

这是一个孔雀绿的瓶子，颜色十分漂亮，它的底部带有三个支钉，瓶的两侧有两条线，是合模制制造的。采用合模制是为了提高产量和效率，一般合模制年份比较晚，都在明代之后。这个瓶子的造型是典型的金元时期的造型，受玉壶春影响，但并不是标准的玉壶春造型，因为玉壶春没有这么长的颈。

这件瓶子是在清朝末年的时候，迎合洋人的喜好，使用欧洲人特别是法国人喜欢的颜色，使用简单的合模方式制造的，采用的是低温釉，这种温度比较容易烧制，能够大量制造。当时西方人来到中国时，大批收购这种瓶子，带回欧洲，作为一般性的摆设。

能说巧辨难读字

中国汉字犹如浩瀚的海洋，博大精深，中国人非常热爱充满无限魅力的汉字。

今天人们感到汉字有危机，很多年轻人不常书写汉字。难读的字并不是不认识，而是字音不容易读准。汉字的读音有两种标准，第一个标准是公众的标准，是以理解为标准，基本能够听懂，属于比较低的标准；另一个是专业标准，比如在普通话测试的时候，一定要读得非常准确。

这是一个辽代的铜镜，四个角上分别有四个字，字是转着写的，在任何方向看都是正的。其中的“省”字是日常生活中用得比较多的字，它是一个多音字，在这里应该读“xǐng”，与镜子相对应。

辽代　花卉锦地文字纹铜镜

直径 17.8 厘米　观复博物馆藏

“省”有反省之意，如“三省吾身”，也就是每天要自省。唐太宗在魏征去世以后，说过一句非常著名的话，“以铜为鉴可以正衣冠，以史为鉴可以知兴替，以人为鉴可以明得失”，说朕就靠这“三镜”了。魏征去世以后，李世民说，魏征亡，朕失一镜，也就是失去了反省自身的一面镜子。古人认为，照镜子不仅仅是照容貌，更重要的是提醒自己，自省，思考自己是否有做得不够端正的行为。

在铜镜上写一个“省”字很有意思，古人把一个日常生活中经常使用的器物赋予了人生的含义。人们的日常生活中也是如此，遇到好多问题时，多想一想，思考一下自己，要求别人做到的，自己要先能做到，这就是自省的益处。

> 告蒲犹存借寇因，从今考绩迥超伦。再观何逊梅开好，三献荆山玉辨真。害虎已除欣灭迹，走珠还见政通神。永期一郡民安祚，五袴赓歌不厌频。
>
> ——《拙恶一章録呈宣差监郡相公阁下》

这是一个金代的瓷枕，这类瓷枕在金代的枕头里算是常见的，不常见的是枕头上的诗。这首诗写道，“拙恶一章録呈宣差监郡相公”，“监郡相公”相当于今天的监察部中纪委官员，派人到这里来查案子。案子的内容是，“告蒲犹存借寇因，从今考绩迥超伦”，这里总是有人告状，是因为有贪官，而自从中纪委监察部来人以后，政绩就不一样了。“再观何

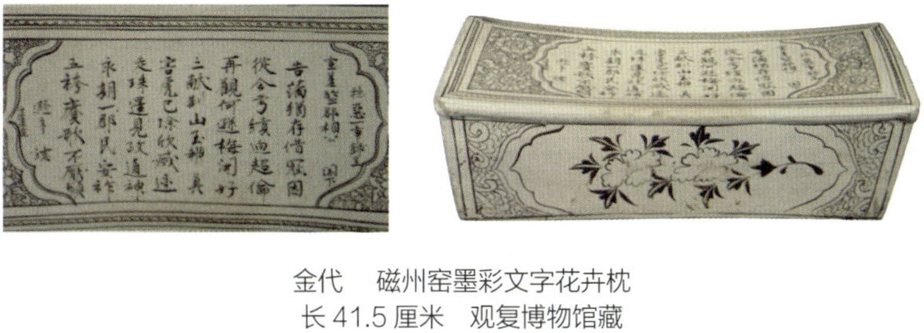

金代　磁州窑墨彩文字花卉枕
长 41.5 厘米　观复博物馆藏

逊梅开好，三献荆山玉辨真”，用了两个典故，一个是南朝梁时人何逊，他有一首非常著名的诗，叫《早梅》，说梅花可以迎着严寒怒放，表明了梅花的品格。三献荆山玉辨真，说的就是卞和拾荆山玉的过程。荆山玉第一次被献给了楚厉王，卞和被砍掉了左足，第二次献给了楚武王，被砍掉了右足。第三次是楚文王当政的时候，他问卞和，你两个脚都被砍掉了，为何还要把这块石头献上来？卞和说，你们都不识这块荆山玉，这是一块好玉，只是外头不好看而已。于是楚文王就让人将荆山玉割开，做成了中国国宝和氏璧。

“害虎已除欣灭迹，走珠还见政通神”，是指贪官一除、政通人和；“永期一郡民安祚，五袴赓歌不厌频”，此后都是一片祝福、歌舞升平的话。

从这个文字枕上，可以感受到文字传达的魅力。金代距今大约 800 年，枕头记录了一件事，穿越时空传达到今天，它的主题是反贪。这个瓷枕使人们知道，在中国的历史上，依然有这样的一种社会制度，这个制度与今天的制度没有太大区别，拥有这种监察系统。这是当时一件很重要的文物。

每个人都能感受到读音的魅力，即使是最简单的一两个字，也有那么复杂的读音，这就需要我们在未来的生活中，好好学习。

1. 汉字中形声字占多大比例？

马未都评：汉字的总体有六种造字方法，其中形声字占80%，因为汉字造字原则中的象形字比较初级，都是用画画的方式来造字的，比如马、山、水等。而中国字有一个规律，大多数字都有偏旁部首，都利用偏旁部首造字。比如木字旁的字，“楠”木，就是“木”字和“南”字结合，这就是形声字。鱼字旁中，鲤鱼的“鲤”是一个“鱼”字边加一个“里”字，以此类推，凡是鱼字旁添上另半边，大多数都可以念一半。

臀部（tún bù）	双眸（shuāng móu）	霰（xiàn）
呱呱坠地（gū gū）	憧憬（chōng jǐng）	良莠（yǒu）不齐

不过形声字也不是每个字都遵照规律的，这就造成了读错字。常听过很多人说往臀（diàn）部上打针，这字其实读作“tún”。“喟然长叹”，这就不能念作“wèi”了，而读“kuì”。有一种枪，开枪后声音很大，称为散弹枪，这种散弹枪在过去叫霰（xiàn）弹枪。之所以叫霰弹，是因为“霰”字本身有下雪的意思，是一种小雪花，无法形成大雪花，如同冰粒子。此外还有“呱（gū）呱坠地”“良莠（yǒu）不齐”、“憧（chōng）憬”。这些是生活中的常见字。

2. 现代汉语里，有几个音调？

马未都评：中国话中最难掌握的并不是发音，而是音调。外国人学中国话大都掌握不好音调，永远是平声。

汉字的音调变化非常复杂，一些人名和地名，按照国家颁布的标准翻译成英文时，直接使用拼音，就会出现问题，如山西和陕西，在英文中是一样的，读出来的时候很难区分。

普通话有五种声调，包括一声、二声、三声、四声、轻声，前四种在古代称为阴平、阳平、上声、去声。在汉语中常常出现的词，高飞、来回、勇敢、建设，这四个词组就是四个声调的展示。第一个词组“高（gāo）飞（fēi）”，都是阴平。第二个词组“来（lái）回（huí）”，都是阳平，第三个词组“勇（yǒng）敢（gǎn）”都是上声，第四个词汇“建（jiàn）设（shè）”，都是去声。

汉语的音调经常变化，平上去入，“入声”没了，把平声分为“阴平”“阳平”以后，构成了普通话的标准音调。

今天常说高端、大气、上档次，应该是念“dàngcì”，不念“dǎng cì”，档次“dàngcì”是很口语话的发音。生活中说“比较”“jiǎo”，通常说比较（jiǎo）一下就行了，很难说比较（jiào）一下就行了。照片应该是念照片（piān），生活中经常儿化，读照片儿。

口语的字中有很多常用字。比如谁字，在字典里读shuí，口语中读shéi，不存在对错，看用在哪里。“哪”在生活中经常读“哪儿”，不带儿化音的话就会显得很生硬。

“血”一般书面语都读“xuè”，口语都读“xiě”。“熟人”读“shú”，“熟了”读“shóu”这都是口语化的发音，并没有错。

1. 难读字	2. 口语化现象	3. 变调现象	
档次（dàng cì）	谁（shuí shéi）	"一"字的变调：	
比较（bǐ jiào）	哪（nǎ něi）	一半（yí bàn）	一旦（yí dàn）
照片（zhào piān）	血（xuè xiě）	一定（yí dìng）	一度（yí dù）
		一般（yì bān）	一遍（yì biàn）
		一生（yì shēng）	一天（yì tiān）
		一齐（yì qí）	一同（yì tóng）
		一直（yì zhí）	一群（yì qún）
		一举（yì jǔ）	一口（yì kǒu）
		一起（yì qǐ）	一手（yì shǒu）
结束（jié shù）	熟（shú shóu）	"不"字的变调：	
		不必（bú bì）	不变（bú biàn）
		不测（bú cè）	不要（bú yào）
		不齿（bú chǐ）	不行（bú xíng）

变调现象

这是音变现象，人们认为天下最容易读的字是"一"，但是"一"有三个声调yī、yí、yì。一半、一旦、一定、一度、一遍，"一"都读"yí"。一般、一生、一天、一齐、一举、一口、一起、一手，读"yì"，其发音规律与后面的字有关。这就是中国字的音变现象，非常复杂，但中国人不会读错，因为约定俗成，习惯成自然。

不（bú）必、不（bú）变、不（bú）测、不（bú）要、不（bú）但、不（bú）错，当后面的字呈现第四声的时候，前面的"不"字就改成了阳平，这是生活中使用汉语的规律。

今天使用的汉语声调都是在北方逐渐形成的，而原本汉语的主要音调都在南方，比如粤语，是指广东话，其入声是到了清代才在北方灭绝的，从此再没有入声字了。古汉语与今天的汉语发声有很大区别，可参见语言学中的研究成果。

3. 读音最多的一个字是哪个？

马未都评：汉字里比较难读的字多是多音字，也就是一个字有很多个读音。比如马未都（dū）的都字，本身就是一个多音字，也念dōu，所以别人喊马未都（dōu）的时候，也可以答应。多音字对中国人来说，说难也不难，说不难也难。

1	hé	和解，和谐
2	hè	随声附和，一唱一和，曲高和寡
3	hú	打麻将和了
4	huó	和面（搅拌面）
5	huò	和稀泥，洗衣服洗了三和，煎药煎了四和

"和"字五个读音图片

汉字中读音最多的字之一就是"和"，和字有5个读音。第一个音念（hé），和解、和谐的意思，也是常用的意思。第二个音念"hè"一唱一和、曲高和寡、随声附和。第三个諗"hú"，就是打麻将的"和了"。第四个音是（huó），和一盆面包饺子、烙饼，和面。第五个音经常被念错，叫和（huò）稀泥，衣服洗了几和，煎药煎了四和。由"和"字可以看出，中国字读起来很难。

此外还有一个字，读音特别有意思，就是"二"，按理说"二"字很容易读，但很多播音员都读错。"er"对应的字，有儿、耳、"二"，但"二"通常被读成"àr"的音，"àr"在字典里是没有的，可是读成"èr"又非常别扭，因此人们基本都读成"àr"。

到今天为止，《现代汉语词典》《新华字典》等重要的标准字典中，"二"还读成"èr"，这是它的标音，但是生活中却不这么读。

"二"是中国字里再简单不过的一个字，却没有人读准过。因此即使是中国人，也没办法将所有的中国字都标准地读出来。

虽然在日常说话中，不能保证每个音都不发生错误，但是在传达的时候尽量不能说大白字，不能说错字，把字的音读错会被人笑话。

古玩门诊

古玩一

明末清初　铜鎏金观音坐像

这是一尊观音像，制作得还是比较精致的，进行了镶嵌，尽管有脱落，但是从残留的部分可见，它曾经镶嵌过珊瑚和松石。观音像的底部进行了封藏，封藏的部位是活的，将金属板贴上后，又凿了四个点用来固定。从观音像的封存方式和现状来看，历史上这个封藏没有被打开过，是原封底。摇晃观音像的时候，能够听到其内部的声音，证明所封藏的物品还在其内。

这件观音像的形制并不多见，其封藏方式也不多见，通常状况下都是贴边封藏，与底边齐平。这件观音像却是在底部的中间进行封藏，封得很严谨。

这尊观音像从比例上看，头部占的比例比较小，身子显得非常长。这个特征一般情况下是明末到清初的，所以这件观音像的年份大概是明末到清初，距今400年左右。

这是一个常见的观音坐像，观音呈散坐形态，也是一种自由坐像。佛像在宋代以前散坐的比较多，明清以后很多都是跏趺坐，也就是盘腿坐的像，比较拘谨。

这座观音像小而精致，首先使用铜进行铸造，做出大概的形状，然后用人工修饰，背部和脸部都有人工修饰的痕迹，更加精致，铸造起来很难。古代没有今天这样的精密铸造，铸造是个塑形的过程，再经过人工修饰才能成形。

这件观音像很精致，保存得也很好，没有大的损伤。这样小的一个观音像，通常是信徒随身带的，然后住进房间后将观音像供起来。

在观音像背面有方形的一块，是用来凿款的，这就是雕铜，也就是在铜上凿字。中国古代有专门的工匠进行刻字，有些人请回佛像后，会在佛像后雕刻供奉人的名字，但是也没有雕刻供奉人，留下空白。

佛像的封底是一个盘长纹，在内部有封存的东西，很多封藏的佛像被打开过，据说内部有黄金。很多佛像内部有经卷、五谷杂粮、心肝肺等，这些是根据信徒的需求封藏在内部的。

古玩二

清中后期　黄杨木人物砚屏

这是一个小砚屏，砚屏是放在桌子上的。最早的砚屏是有功能的，为了挡风，使研好的墨不会很快干掉。这件砚屏形制比较小，已经没有挡风的功能了，只起到装饰作用。

这件木雕是有年份的，它是黄杨木雕。黄杨树长得非常慢，100年也长不太粗，所以黄杨木的木质特别硬，也非常细腻，但黄杨木没有大件。通常的黄杨都是空心的。古代的黄杨木都被用来做家具上的卡子花，这种利用方式尤其兴盛于浙江。

这件砚屏很有文化内涵，原本应该就是床上的一个装饰，只是床散了之后，这件东西没坏，被做成一个砚屏。

这件砚屏是清代的，属于清代中后期，距今有200年了，上面的字很可能是日本字。这里面的雕刻的“雕”字是个异体字，早已经被弃用了。此外，价钱是280，这是过去日元的价格，而如果在当时的中国，这么一件东西是不可能卖到这个价格的，因此是早期日元的价格。

古玩三

民国　双蝠耳山水梅瓶

这是一个梅瓶，有双蝠耳，蝙蝠做得很生动、立体，很像美国科幻大片中的蝙蝠侠。从底款的书写方式和画片，以及蝙蝠的形态，很容易判定是民国初年的。

这种民国时期的瓷器非常白，非常透亮，只是上面带了一块伤，明显是人为磨下去的，可能是当年工匠的款，但在特定的历史时期，比如“文革”期间，有人怕受到牵连，用砂纸将款识磨掉了，因此这块地方就没有釉了。这里很可能提供了当年的重要信息，比如工匠的名字和具体的年款。

这件梅瓶画的山水非常雄浑、高大，亭台楼阁的画法有点像袁江、袁耀的界画。这种民国初年的瓶子，在民国前期的社会富裕阶层中非常流行，是那时候的人创造的一种摆脱了清代束缚的瓷器。这件瓷器既有一些清代瓷器的特征，又有摆脱清代的意愿。所以推断它就是民国时期的瓷器。

这件瓷器很完整，蝙蝠塑造得非常好，很有力度，十分漂亮，虽然留下了疤痕，但是记录了一个很重要的历史。

千变万化异体字

异体字的定义是同音同义，但字形不同。在字典里，正字后面有一个括号，括号里左上角标*号的就是异体字，有的字有异体字，有的字没有异体字，很多汉字都有异体字。

异体字的出现是因为历史上的汉字没有规范，而今天的汉字有国家文字委员会来规范，以字典为主。在古代，汉字书写得很随意，有人就进行造字，汉字本来也是由古人一个个造出来的。当造出来的字，被一部分人确认后，就形成了异体字。

今天异体字出现得比较多的地方是牌匾，古人在牌匾上写异体字，是为了显示学问。民间有一个很著名的牌匾叫“犇羴鱻”，是由三个牛字、三个羊字、三个鱼字组成，三个鱼是鲜，三个羊是膻，膻和鲜这两个字，今天的人们都知道如何书写。

虽然现实生活中人们已经很少使用异体字了，但是当人们走近它、读懂它的时候，就会有一种曲径通幽之感，别有一番乐趣。

这是一个明代鸡翅木的盒子，也就是一个文具盒，它略微变形，在古代被文人放置于案头。在盒子表面，有版刻一样的绘画，画上有字，是繁体字，“万花亭上着围棋，胜负却因频点指”。这里的“指”字是个异体字，与正常的“指”字只差一笔，指字中的一部分“匕”写成了“上”，只差这微小的一部分，使整个字都很难辨识。

明晚期　鸡翅木雕侍女对弈图长方盒
22.5 厘米　观复博物馆藏

通过这件文物本身，也能够了解它上面的文字。文字是跨越时空的，如果不认识其中一个字，可能对整句话产生误解。“频点指”其实就是用手指在棋枰上放围棋子，但如果单单将这个“指”字的异体字提出来，独立理解，将很难辨识。

这是明代后期的青花小缸，是万历年间的，其图案是松竹梅。松竹梅图案至少从明朝初年起到清朝末年，所有朝代都画过，因为松竹梅最接近中国人的内心，中国人知道松树的高洁、竹的虚心、梅的不畏严寒等品德，对松竹梅赋予了一种人性的表达，也提出了做人的准则。

松竹梅是异体字中三个典型字，认识异体字，并非生活中必需的，而是一种乐趣。中国人一生中会认识很多汉字，在九年义务教育之后，剩下的认字功夫，都是靠个人平时的日积月累。认识异体字未必能提高生活质量，但能给生活增添乐趣。这种乐趣是中华民族的文化带给每一个中国人的，既然先人创造了这么多异体字，有机会就应该多认一些。

明万历　青花岁寒三友花鸟纹缸
口径 33 厘米　观复博物馆藏

明嘉靖　青花松竹梅纹碗
口径 13.2 厘米　常州博物馆藏

明永乐　青花岁寒三友斗笠碗
直径 22 厘米　香港佳士得

1. 异体字的汉字总数有多少个？

马未都评：异体字的定义是同音同义不同形，《康熙字典》47 035 个字里，异体字有 9 300 多个。《汉语大字典》中 5 万多个字里，有 12 000 个异体字。现在的 80 000 汉字中，异体字占 1/4，约有 20 000 个异体字。

松竹梅异体字

松竹梅三个字人们都认识，但是它们的异体字很难认。松字的异体字是偏旁移位，把木字边移到了下面。竹字是它的古写，异体字呈竹叶下垂的状态，如果叶子朝上，那就是草，草字头就是如此演化而来的。两个“呆”形成了梅字，梅花不像一般花卉一样开在春夏秋的花季，却开在寒冷的冬天，确实有点“呆”。松竹梅如果写成异体字，很多人都无法辨识。

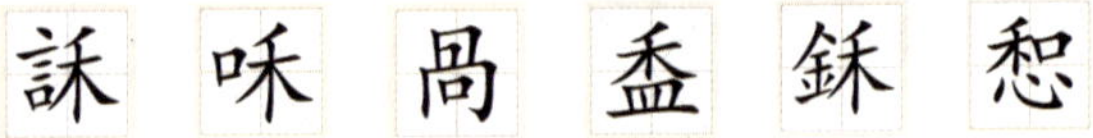

和字异体字

汉字是自由产生的，而不是统一规范出来的。从甲骨文开始，造字都是随心所欲的，能够交流理解即可。在没有国家强制性的规范时，造字是很自由的，于是出现大量的异体字，非常正常。常用汉字中的异体字有的多达八九个，这都很正常，还有更多的。比如“和”字就有很多异体字。“和”是今天最常用的字，几个异体字都与“和”的意思差不多，其中有的是可以直观理解的，比如“和”字下面带个“心”就很容易理解，“口”字旁加个“禾”也算能理解，如果不认识，可以念半边。而“咼”就很难理解了，有点类似“锅”字的半边，也可能与锅有关，有了锅，大家在一锅里吃饭才能和。但如果是小学生默写汉字，“和”字写成这几个字，就是不对的，因为异体字在生活中并不常用。

有一本字典叫《碑别字》，收录的是古代碑上的别字。别字的产生有很多情况，第一种情况是避讳。古人非常讲究避讳，比如避皇上的讳，避先人的讳，所以在写字时，就可能会多一笔，少一笔，这是有意而为。此外，还有的是因为古代的教育非常不普及，识字的人很少，有的工匠可以刻字，但他不识字，因此在刻字中，就有可能漏掉一笔或者多出一笔，就出现了碑别字。此外，在汉字的使用当中，有进行替代的现象。

如果从语言的规范性上讲，今天国家有文字的规范，是不可以使用别字的，但是在古代，没有文字的规范，于是在替代字的使用中，如果能够表达意思，并被大家接受，进行通用，就可能确定使用这个字，从而出现了异体字。

2.“盌盃”分别是哪两个字的异体字?

马未都评：生活中有时候会碰到异体字，如果不认得，就要多思考，因为中国字有造字原则，字形与字意有一定的关联，如果能够想明白，就能认得这些字，有种恍然大悟的感觉，将这个字记一辈子，很有成就感。

盌盃都是皿字底，一定与容器有关，结合上面的发音部分，就是碗和杯。“盌”字在今天已经很少使用了，但是“盃”依旧在用，比如在世界杯的时候，香港报纸上的“杯”字就是“盃”，而不是常用的“杯”。

异体字的出现，也是因为很多汉字的偏旁部首都是后期增加的，比如“盌”和“盃”都是很古老的字，是一个器皿。中华民族是发明陶瓷的伟大民族，所以陶瓷的出现，使中国人在2 000年前，就能过上非常优雅的生活，不论贫富，都能使用器皿。而古代的欧洲人非常痛苦，在漫长的时间里没有陶瓷的碗盘，因此吃饭时经常会使用一块板子，西餐之所以需要切割并掰着吃，是因为没有碗。欧洲人到了近代才能制造出碗，这是近几百年的事情。因此在黑暗的中世纪，穷人吃饭没有餐具，通常面包来盛放其他食品，最终将面包一起吃了，相当于把盘子都吃了。

中国的碗和杯有很多选择的余地，“杯”字的木字旁，是告诉人们，在古代有很多杯子是用木头做的，而“碗”的石头旁，说明早期的碗是石质的。

碗与杯的异体字

碗和杯的异体字有很多种写法，这些字有一定的规范，也就是将异体字规范到同一个字中，这样在识字和使用汉字的时候，就会非常方便。如果这些异体字在现代书籍中频繁出现，那么人们在无形中就要认很多字，认字也有无穷的魅力。

3. 你认识下面 10 个异体字吗？

峰桃等 10 个异体字

马未都评：异体字有很多简单的辨认方法，掌握一定规律的时候，异体字就不难辨认。异体字规律之一是移位，比如“峰”字，是往左移，与“桃”是一样的，“秋”和“够”是左右颠倒，“鞍”由上往右移，“鹅”是往左移，“惭”是往右移，“棋”和“期”一个是往左移，一个是往右移。懂得异体字的规律后，就会觉得认识它很简单，将字的构成部件位置按规律颠倒，就能够认识了。

古玩门诊

古玩一

清乾隆　青花山水纹尊

这是一个尊，一般情况下，口大于底的都可以称为尊。这件瓷器从造型上讲并不是太多见，它介乎于一般罐子和将军罐之间，将军罐更高、更完备一些，而这件瓷器的造型界限不是很分明，姑且称之为尊。

青花的画片内容是山水，正面的山水画得很满，背面画了一条船，这是江南最为流行的乌篷船。

这件瓷器的釉面比较浪荡，如同水面起了波纹，因此叫浪荡釉。有人认为，乾隆以前的瓷器没有浪荡釉，但浪荡釉形成的因素非常复杂，在清朝的康熙、雍正、乾隆时期都有浪荡釉，因此不能由此判定瓷器的年份晚于乾隆时期。

这件瓷器从造型、画风上辨识，大约是在雍正后期到乾隆早期的文房用具，在古代放置于案头，随意插一些杂物，如一把折扇、几支笔、一把戒尺等都有可能。而这些东西里面会有金属器物，容易造成轻微磕碰，但不会造成明显的外伤型破损。

从这件瓷器的边饰上看，口部的边饰带有乾隆味儿，是类似长城垛子的二方连续纹，而下面人字纹的画法很接近于康熙时期的画风。这件瓷器上面是乾隆风格，下面是康熙风格，并不能绝对判定年代，也可能在另外一个朝代会偶尔出现。比较重要的是，康熙时期的山水都是相连的，到了乾隆时期，尤其乾隆后期，主要画主面，后面一般画得比较简单，只有雍正时期是山相连，后面是水相连，这是雍正时期画山水的最主要特征。在水上面画一条大船的，都是年份偏早的瓷器，时间越晚，船画得就越简单、越小，随便画点水纹，再画一个小船，几笔就完成了。像这件瓷器画这么大的一条船，一般情况下都是偏早的，所以将它定位在乾隆早期更合适一些。

古玩二

新中国建立初期　仿乾隆龙凤呈祥漆盒

这是一个圆漆盒，从风格上讲很像明朝的器物，明朝经常采取这种不特别鲜艳的颜色。在画面的布局上，凤凰都是颈细头大。在工艺上，使用的是雕填方式，也就是先髹（xiū）一个黄漆的盒子，再用针一样的利器将纹饰画出来，然后填上颜色。但这件漆器不是严格按照古代工艺去做的。

这件漆器上有很多裂璺，这种裂璺在漆器中有个专业的术语叫“断”，也就是断开了。“断”是古代文人欣赏老漆器的标准，它被赋予了很多文化含义，最常见的是“蛇腹断”，如蛇腹一样，有一溜“断”，很多古琴采用蛇腹断。还有“梅花断”“牛毛断”等，裂璺全都有对应的名字。断璺如果没有剥落，在古代漆器中是一种无尽的美，这种美就会被商人所利用。这件漆器仔细看，能够看到表面除了断璺，还有一层网文。制作漆器时，将很粗的麻布铺在平面上，进行髹漆，等漆差不多干的时候，迅速将粗麻布揭起来，就会出现断璺，再附着在别的物体上，这是最简单的制造断璺的方式。麻布本身是有伸缩性的，因此会出现断璺。

漆器底部的款是“大清乾隆年制”，字写得很幼稚，是一个字写不好，又极想把字写好的人写的。在乾隆年间，有专人负责写款，而康雍乾三朝漆器下面的款识，都是底蕴深厚的人写的。因此，这件漆器虽然有一定的年份，但并不太老，是新中国建立初期的老艺人制作的，他们为国家创造了很多外汇，使国家渡过了建国初期最艰难的时期。

古玩三

这是一个出土的器皿，并不常见，推测它是作为水器使用，用来盛水的。它被制作成高足是因为早期的热力提供方式很原始，一般都是烧柴火，将器皿支起来，比较容易烧。古代的很多器皿，比如鼎，都是支起来的。这种高足形式能支起来的，年份普遍较早。唐宋以后，中国使用煤炭的数量增多了，因此器皿的高足现象就减少了。

这种器皿的名字叫镳（jiāo）斗，镳斗有各种形状，一般情况下是侧流水。比如故宫博物院中的青铜器，到了汉代和六朝时期，都是从一侧出水的，向左或向右倒水。

战国至汉　原始挂釉镳斗

这件瓷器的纹饰，从其保留的一点点釉，可以看出当年追求了挂釉的效果，也就是所谓的原始瓷的状态。它的年份上限是战国，下限是汉，距今大约 2 000 年。

文物之属专业字

汉字应用于中国人生活的方方面面，人们通过对汉字的使用、组合，赋予汉字一些别样的意义。有些汉字是专门用于某一特定领域或某一特定事物的统一称谓。

每个人都有自己的专业，专业字中有很多字是人们在日常生活中经常打交道的，其中首推医学字，在药品说明书中，人们有很多字无法确认，一般都是靠猜测来读它，即使去查字典，也不过就是一些化学用字。另外一种专业字是化学字，最近比较热门的一个词“铊中毒”，其中的“铊”（tā），很多人误读成“tuó”，这就属于专业字误读。文物中也有很多专业字，有很多喜欢文物的人经常会念错，不过通常彼此都能够听明白，但到社会上，专业字还是应该尽量读准确的。

清代　铜兽面纹花觚
高 35 厘米　观复博物馆藏

这是一对花觚（gū），这对器物涉及了专业字。“觚”这个字很不常用，如果不认识这个字，很难读准。觚在商周时期就已经定型并且非常流行，当时的大小与这件很接近。觚是用来饮酒的，一般是个人使用，相当于今天的酒杯。商周时期的酒都是酿造酒，度数很低，所以能够一觚接一觚地饮用。觚是敞口造型，修长优美，因此历朝历代对这种造型都非常感兴趣，从宋代开始，人们一直用陶瓷大量仿制，到了明清时期，特别是清初，花觚非常流行。

这是一对乾隆时期用铜仿制的花觚，从价值上判断，远远低于用瓷器仿制的，但在当时，价值是倒置的，因为当时是使用铜钱的，要用铜制作，分量是比较大的。这就是当时的一件陈设器。乾隆时期的复古思潮非常兴盛，所以有很多仿制文物，作为一般人家的摆设。今天也有很多人喜欢文物，但很少人能买得起，因此就会有人买一些仿制的新品作为摆设，乾隆时期的情形与今天很相像。

商代　青铜觚
高 20.6 厘米　大英博物馆藏

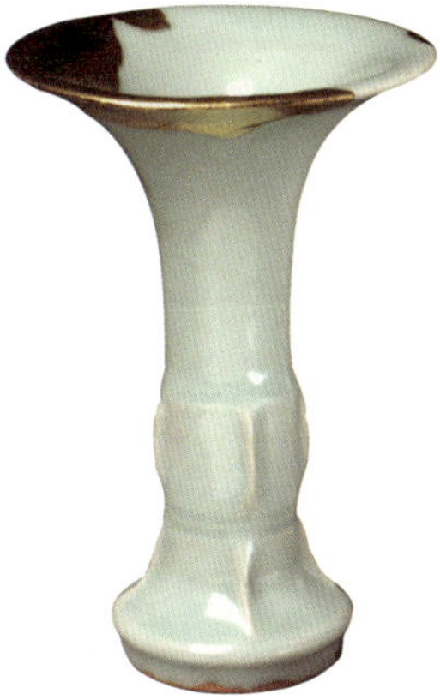

南宋　龙泉窑青瓷出戟花觚
高 15 厘米　英国维多利亚和阿尔伯特博物馆藏

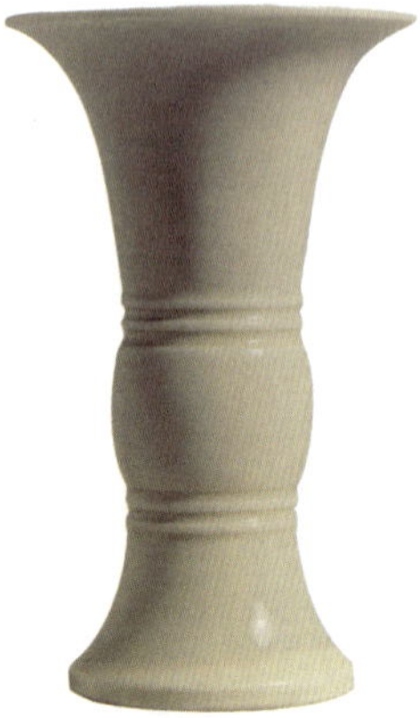

明天启　德化窑白釉弦纹花觚

清雍正　德化窑安居乐业图花觚
高 23.7 厘米　观复博物馆藏

清代　铜雕獬豸香薰
高 26.5 厘米　观复博物馆藏

这是一个铜制的熏炉，叫獬（xiè）豸（zhì）。獬豸是龙生九子中的一个，它长着独角，脚底下踩着一条蛇。獬豸是一种神奇的动物，独角，能辨是非曲直，在中国古代，獬豸一直作为司法和法官的象征。

豸→廌

法→灋

獬豸这两个字，非专业人员非常难辨认，尤其“豸”字，“豸”有另外一种写法“廌”，这个字很像“鹿”，是“豸”的异体字。“廌”与法律的“灋”（“法”的繁体字）相比，法字是一个“氵”，上面一个“廌”，底下一个“去”。推行简化字时，就把“廌”去掉了，成了法。在中国漫长的文化史中，一直使用的是“灋”字，因为有獬豸这种东西的存在，所以法字里有一个“豸”字，因此，看到繁体字的“灋”与简体字的“法”的关系，就会联想到其中的文化象征。虽然“法”字中将“豸”去掉了，却依然代表着一个社会的公平。

观复学堂

1. 请正确读出下列与青铜器有关的字的读音：饕餮、蟠螭。

马未都评：饕餮（tāo tiè）在青铜器上很常见，这是一种有首无身的神兽，在《吕氏春秋 · 先识》中记载："周鼎着饕餮，有首无身，食人未咽，害及其身，以言报更也。"饕餮在今天的广告词中很常见，比如"饕餮盛宴"，饕餮纹在青铜器中就是一个兽面纹的图案，非常多见。

这是商代晚期的一件青铜鼎，上面有眼睛，理论上讲是有眉毛的，鼎上的主题图案，就是类似兽面纹的饕餮。饕餮的特点就是贪吃。早期青铜器上有很多饕餮纹，后来影响到了瓷器。清代康熙年间有很多青花以及其他的瓷器品种仿青铜器的时候，都会绘饕餮纹。

这是蟠螭（pán chī），蟠螭指的是小龙。蟠螭纹在商周时期的青铜器上也很多见，通常是群体出现，绞在一起，因为大龙出现了，所以小龙就是一群一群出现的，也有人认为蟠螭就是小蛇。

这是蟠螭纹，也是绞状的。在早期的青铜文化中，人们不认识的字非常多；越接近生活，所认识的字就越多。在文明进程中，被淘汰的字非常多，因为只在某一处使用。而这种器物或这种事物取消了或消亡了之后，这个字就变成一个古字，只存在于字典中。

商代晚期　史鼎
高 25.1 厘米
上海博物馆藏

商代晚期　兽面纹鼎
高 20.2 厘米
上海博物馆藏

清康熙　青花万字锦地饕餮纹瓶
高 24.4 厘米
英国维多利亚和阿尔伯特博物馆藏

清代　白釉饕餮纹水盂
高 4.5 厘米
大英博物馆藏

春秋　蟠螭纹罍
高 39.3 厘米　镇江博物馆藏

春秋　甚六镈之一
南京博物院藏

2. 中国古代瓷器上哪个汉字写得最多？

马未都评：中国古代在瓷器上写得最多的字是“寿”，在中国古代，经常会祝寿，因此，在瓷器上“寿”字出现得最多。“寿”字的出现有各种形态，有成组出现的，也有单独一个字的。

这是一个常见的青花百寿纹观音尊，写了各种寿字，这是用字来做装饰的。

清康熙　青花百寿纹观音尊
高 44.5 厘米

清康熙　青花万寿纹尊
高 77 厘米　故宫博物院藏

这是万寿尊，今天收藏于北京故宫博物院，南京博物院也有一个，全世界已知的有 4 个。它的上面写了很多“寿”字，每个“寿”字写得都不同，是十分难得的。通过这件万寿大瓶，可见中国人的聪明才智，将一个字写成一万个字，严格来说，其中很多字都是异体字。万寿尊是非常少见的，是专为皇帝祝大寿的时候烧制的。这件万寿尊是康熙皇帝六十大寿的时候，宫廷为他定烧的，在当时只有宫廷有这个能力烧制，民间百姓是不允许烧制的，也没有烧制能力，因为烧造成本非常高。

“寿”字出现得比较早，在商代就出现了。“寿”是一个抽象概念，最早是一个田字旁加“寿”字，与田地有关。中国的祖先是农耕民族，对土地的认知和信仰都非常高，他们认为田地间弯弯曲曲的垄是无限长的，置换概念来表明生命的长度，也就是万寿无疆之意，寿在汉语中主要的意思就是长寿。

3. 牚（chèng）壸（kǔn）、枨（chéng）壶这两组字，哪组字在古家具中常用？

马未都评：“牚”是一个人们经常说的字，家具中有牚，脚踏牚、罗锅帐、霸王帐等等。壸字念“kǔn”，家具中经常被错读成“hú”。“壸”比“壶”字多一笔。

清乾隆　紫檀全素高束腰直帐条桌
长 145 厘米　观复博物馆藏

帐是用来固定家具的，这是直帐，在两个腿之间有一根横的帐。

明晚期　黄花梨罗锅帐长方凳
高 49 厘米　观复博物馆藏

这是罗锅帐，是相对于直帐而言的，它中间凸起了一块。

明晚期　黄花梨木罗锅搀加矮老禅凳
长 70 厘米　观复博物馆藏

这也是罗锅搀，中间加了矮老，加强了凳子的强度。

清早期　紫檀木全素圈椅
高 100 厘米　观复博物馆藏

这个素圈椅前面的部分就叫壸门，是指椅子腿中间的装饰。

唐代　周昉《宫乐图》
台北"故宫博物院"藏

这是唐代周昉的《宫乐图》，它中间的案子与墩之间的曲线，就是壸门。

北宋《北齐校书图卷》(旧传 阎立本)
卷高 28.5 厘米　长 731.2 厘米
美国波士顿美术馆藏

这是北宋摹本的《北齐校书图》，原画是阎立本画的，可以看到人坐的榻上面，每一个有空间感的部分，现在称壸门。

明晚期　黄花梨木灯挂椅
高 146 厘米　观复博物馆藏

这件黄花梨木灯挂椅的壶门很漂亮，其侧面的是罗锅帴，正面就是一个壶门，很漂亮。中间有个尖，有个下垂的曲线，这就是壶门。这是在中国宋式家具、明式家具中经常出现的结构。

清中期　剔红花鸟纹南官帽椅
高 113 厘米　观复博物馆藏

这是清代的，中间也有一个壶门，像帘子的帘头，很漂亮，侧面也是壶门。

“壶”字的本义是宫中的路，后来就被引申为妇女的“深闺”，有一部日本电视剧，叫《大奥》，“奥”就是深的意思。今天说道理深奥，“奥”一定是深的，因此有一个对应的词，叫“壶奥”。古代女人住在最深的地方，也就是深闺，壶和奥都深深居于内部，所以“壶范”引申为妇女的闺范。古代大家闺秀的女子，在结婚前根本不见人，也就是常说的大门不出二门不迈，都在家中学女红，有一点本领即可，不用读书。古人认为女子无才便是德，这些女人不到结婚时是看不见的，也就是宅女，住在深宅大院。今天这些字的本意已经不太追究了，只在一些乡村的老匾额上经常有“壶范”两个字，代表一个妇女一生中的荣耀。

古玩门诊

古玩一

清中晚期　文房器具一组（玉水盂、笔架、都承盘、勺）

这是一组文房，古代文人通常在案头置办一组文房用具，用起来非常方便。

其中水盂是用来装水的，用勺子扤水研磨，但是这个勺很小，用起来不方便，因此勺子与水盂并不是配套的，也有可能是耳勺，也有可能是药勺。其中的笔架，也称笔架山，一般是三峰的，也有五峰的，这是一件五峰的，所有的笔架山的特征都是中间高两侧低。文具盘也称为都承盘，可以将所有文具都摆放到都承盘上，显得雅致规矩。

这几件器物的年代差距不大。都承盘做得非常讲究，是用红木做的，中间的栏杆做得很细致，插得很严谨，因此经过很多年都没有损坏。它底部的石头是透光的，这种透光的石头通常纹理比较淡，有一些很浅的纹理，这就是清代中期偏晚时候制作的都承盘，这件笔架山、玉水盂和小勺，也都是这一时期的制品。这些物件中，虽然小勺并不匹配，但年份相当，距今150年左右。

古玩二

南越文化　曲尺形双层陶屋

这是一个陶屋，分为两层，上面是住人的，下面用来养殖牲口。在房屋里有一个洞，可以直接向下面喂牲口。

这件文物很别致，与常见的文物不同，反映了一个地区在特定时代生活起居的基本状态。这件器物距今有2000多年了，是南越文化的。这个建筑十分人性化，很环保，在当时的历史条件下，人住在上层，通风好，采光好，下面养着猪狗等动物，是很卫生的。

这个建筑是曲尺形的，有两个角，解决了通风与采光的问题，下面豢养动物，便于看管。这件文物让人们了解了中国2000年前的南越文化。

别开生面生僻字

看过电影《人在囧途》和《泰囧》的朋友，一定对电影中演员幽默精彩的表演印象深刻，可是对电影名字中的“囧”字却了解不多。“囧”这个曾经爆红于网络上的生僻字，如今又被赋予了不同的含义和形式。“囧”字是一个生僻字，囧字的形象有点像八字眉，所以在现代的理解中，是比较郁闷、无奈、窘迫的意思，而在古代却有不同的意思。炯炯有神的“炯”是由一个“火”字旁和一个“冋”（囧的异体字）构成的。“炯”和“囧”从古代字上讲，是通假的，可以通用，炯的本意是明亮。

汉字中的很多生僻字可以像“囧”字一样，在特定的人文环境之下，又被人们挖出来，重新焕发光彩。“囧”字不仅仅有本来的意思，也可以赋予其他的含义。也许在未来的字典中，“囧”字就多了一层新的含义，文字是有生命力的，在不停地变化当中。如果未来的字典中，将“囧”字收录进去，除了“明亮”之外，还有一个“窘迫”的意思，就相当于从国家的角度承认了这个字的新含义。中国的汉字文化浩如烟海，每个词、每个字都值得去探究、去感悟。

今天的时代变迁速度非常快，与跟古代差异很大。古代文化的推进非常慢，可能一二百年乃至几百年都没有什么变化，但中国人在使用汉字的过程中，一直坚守一个原则。这个原则是为中华民族所用的，也就是象形汉字的精髓，这个精髓包括了常用汉字和不常用的汉字。中国人一直在强调，不常用的汉字依然有它的尊严，为了这个尊严，每个人有机会的时候，应该更多地学习一些不常用汉字，也就是常说的生僻字。

清代　蓝红套料耄耋纹鼻烟壶
高 7 厘米　观复博物馆藏

这是一个蓝料套红料鼻烟壶，很小很精致，是清代中期道光年间的器物。这件鼻烟壶的图案是猫与蝴蝶，谐音“耄耋”。古人将很多吉祥的字尽可能地拆解，用形象的方式来表达，是为了方便记忆。汉语中很多汉字不好记，比如“耄耋”二字，一般人用不上，就用一个很形象的图案，让人们清楚其中的含义。

这件鼻烟壶十分漂亮，是用玻璃制作的。玻璃在中国古代称为料器，有很多鼻烟壶是玻璃制作的，因为玻璃化学性质稳定，不容易与其他物质发生反应，防潮效果也很好。如果使用金属质的鼻烟壶，比如铜制的，就会有铜味，对烟有影响。

这种蓝料玻璃并不常见，透明为亮，不透明的称为苶（nié）玻璃，比如苶白，北京话里，也有说“这个人发苶”的用法，以及“痴苶呆傻”，是说人比较呆，这也是个生僻字，常用在方言土语中。

这是一个 150 年前的鼻烟壶，100 多年前的人，鼻烟壶是一个人身份的象征，身上的鼻烟壶就是一种炫耀的方式。它的盖子是用碧玺制成的，虽然不够红，不够鲜艳，却很漂亮，配得很精致。

这是一个铜点金的饕餮纹的觥（gōng），其花纹是饕餮纹，表面上有点金，底部配了一个硬木底座，使它看起来更高一些，摆设起来也更好看。

这种觥在明末清初非常流行，可以作为一般富贵人家的摆设。中国使用觥的文化，到明末清初，已经过去 2 000 多年了。2 000 多年以来，酒文化一直影响着中国人，这是因为文字的延续，比如觥筹交错，这个词汇最早是在欧阳修的《醉翁亭记》中出现的："觥筹交错，起座而喧哗者，众宾欢也。"因为有这样一种文化，才有这样一份文化情感。

清代　玻璃套红料龙纹鼻烟壶
高 7.5 厘米　观复博物馆藏

清代　玻璃套料莲池鸳鸯纹鼻烟壶
高 6.7 厘米　观复博物馆藏

清代　玻璃套料如意有余鼻烟壶
高 6.8 厘米　观复博物馆藏

清早期　铜点金饕餮纹觥
高 32.5 厘米　观复博物馆藏

1. 请读出以下10个汉字，读对6个就算过关。

鑫 森 淼 焱 垚

骉 犇 羴 麤 猋

十个生僻字

马未都评：鑫（xīn）森（sēn）淼（miǎo）焱（yàn）垚（yáo）

犇（bēn）羴（shān）麤（cū）骉（biāo）猋（biāo）

这10个字是今天在字号上经常能看到的，第一个字鑫（xīn）指财富兴盛，森（sēn）形容树木很多，淼（miǎo）形容水面浩大，焱（yàn）形容火花、火焰很大，垚（yáo）是土堆、山高，这些都比较象形。骉（biāo）是指很多马在跑，犇（bēn）是很多牛一起跑。三个羊是羴（shān），是“膻”的异体字，有一个老字号的名字叫“犇羴鱻”，“鱻”这个字在今天的写法是“鲜”，而在古代，这两个字可以拆开看，三个鱼是“鱻”，三个羊是“羴”，羴是表明羊的味道。三个鹿为麤（cū），是“粗”的一个异体字。三个犬是猋（biāo），今天所说的狂飙、发飙，就是三个犬加一个风字组合而成，以上这些字可以通假，看字就能理解意思，这些生僻字三个字重叠起来很有意思，了解起来有无穷的乐趣。

2. 请说出以下词语的本义：耄耋，纨绔，匍匐。

马未都评：古人认为，八九十岁就是“耄耋”年龄，前面的鼻烟壶就是耄耋，画面是猫和蝴蝶，谐音“耄耋”。凡是在中国古代纹样中出现猫和蝴蝶在一起的，都是耄耋之意，这个纹样是尊老，爱护老人之意。

第二个是“纨绔”，纨是指细绢丝绸，绔就是我们穿的裤子，古代人说的绔是套裤，也就是一条腿，没有裆。汉代人之所以跽坐，也叫跪坐，就是因为穿着套裤，有一个长裳盖在上面，如果两腿朝前，就十分不雅，因此形成一种跪坐，这主要是因为汉代以前的中国人都穿套裤，而套裤是一条腿的，连裆裤后来才发明。所以纨绔是指古代富家子弟能够穿着丝绸的裤子，后来引申为富家子弟。

中国文物中的一些表达，比如猫蝶在民国时期的版画中，上面的猫憨态可掬，正在扑蝴蝶，这就是为老人祝寿的器物。

民国　粉彩双猫戏蝶纹四方倭角瓷板画

汉绣　散点折枝花纹

汉绣　茱萸长寿

这是一块汉代的丝绸汉袖，上面有花纹。

这是汉绣茱萸长寿，都是出土文物。

匍匐就是手脚并行趴地上往前进。

匍匐是一个最高礼节，所以在唐以前的文物中，出土了很多伏地俑，姿态都是匍匐的，这些词也是中国历史上古人生活状态的一种缩影。

3. 觥、匜、鬲三种青铜器皿的最初功能是什么？

马未都评：觥（gōng）、匜（yí）、鬲（lì），这三种青铜器皿的最初功能分别是酒具、水具、炊具。

商代的觥更接近于今天饮酒时候的分酒器，上面有一个盖，不喝酒的时候应该盖上盖子。匜是早期的青铜匜。匜和觥在很多地方很相像，

西周晚期　吕王鬲
口径 17.9 厘米　上海博物馆藏

春秋早期　变形兽体纹匜

商代　青铜觥

商代晚期　司母辛觥

西汉　漆匜

宋代　钧窑匜

汉代的匜比较浅，很常见。

这是西周晚期的吕王鬲，鬲是三足的，这种造型通常是源于青铜器，非常古朴。

飞觥献斝（jiǎ），意思类似于推杯换盏，在生活中一般都会使用推杯换盏，将飞觥献斝替代掉了。

曲水流觞，觞就是酒杯，汉代以前出现过的这种带双耳的酒杯。

卖官鬻（yù）爵，“鬻”很有意思，是在容器里面熬着粥，“鬻”字在今天很少用。

鬲是炊具，用来熬粥，古时候“鬻”有养育的意思，与“育”通假。

卖官鬻爵、曲水流觞这些词都是现代成语中依然在使用的，并不罕见。生僻字以及不常用汉字也是独立存在，并有其尊严的，因此不应被替换，比如，“觥”字不会写时，不能用“公”来替代。曲水流觞的觞，如果不知道酒杯的意思，就写一个感伤的“伤”，这也是不行的，虽然读音相同，但是意思却完全变了。所以汉字，尤其生僻字，也有其尊严，这就是汉字的文明，如果可能的话，可以去了解一下生僻字的本义，帮助记忆。

古玩门诊

古玩一

清代　铜镶白玉手镜

这是一个手镜，形制有点特别，由玉和金属两种材料组成。一般情况下，古代将玉和金属镶嵌在一起的时候不多。

这件手镜下面的把手原本是一个带钩，镜子背面的玉，是一块如意瓦子。如意通常分为三截，中间的一块椭圆形的部分就是瓦子。这种瓦子单独来说意义不大，属于失群的器物，而其他的部分可能都失散了，因此被重新利用。

这件手镜在制作的时候，镶嵌了很多质量不高的宝石。因为权衡手镜本身的价值，在上面镶嵌高档的翡翠钻石不值得，因此适度地使用一般性的宝石镶嵌在手镜上面。手镜主体是铜制的，还有錾花，在镶制的时候花了很大的精力。

这种手镜在欧洲曾经有一段时间非常流行，它包含三个时期，第一个时期是带钩的时期，属于明代后期，第二个时期是清代中期的，大约是乾隆时期的一块玉瓦子，第三个时期是整体镶制的时期，距今有100

年左右。这件手镜的几部分，分别属于距今三四百年、两三百年、100年这三个不同的时代，它们被捏合在一起，进行了历史的混搭。

古玩二

清雍正　青花夔龙纹盘

这是一个夔龙盘，“夔”（kuí）字就是生僻字，并不常用，写起来也非常困难。夔龙是一种变体的龙，并不常见。盘子上总计有4条龙，有龙头、龙身，龙身最后演化成草纹。

这种细身的夔龙纹在雍正时期最为流行，盘子的底部是席文款，猛一看没什么字，如同一个草席，因此叫席文款。席文款也是在雍正时期最为流行的，配以当时流行的草龙，同时盘子比较深，这些都是雍正时期的特点，距今有200多年了。

对于普通人来说，几百年前的一个盘子还保存这么好，可能是在特定的历史时期中，人们根本就不使用它。而它的亮度与现代瓷器的贼亮是有区别的，它亮得比较润。通常这种夔龙盘子尺寸都比较大，像这种小号的反而不常见。

古玩三

清晚期　螭虎象牙香筒

这是一个香筒，用象牙雕成，十分精细，它的表面上刻着十几只螭虎，雕刻得非常生动，每个姿态都不一样。

中国人用香的历史非常长，香在中国古代的使用功能与今天的香不同，今天的香需要高温，用火点燃，但在古代是不同的。比如唐代很多香是用来吃的，女子吃下去体香三天。今天也有吃的香，比如口香糖，但是口香糖吐掉以后就没有味道了。

还有一些是冷香，在《红楼梦》里描写了冷香丸，随身携带就可以散发香味。

燃香有很多种，有燃香粉的、有塔香、有盘香、有柱香，柱香的历史并不长，一般情况下是到了明代才开始比较普及，早期有，但是比较短，而现在的柱香都很长，点一根、点三根都无所谓。

柱香可以放在香筒中燃烧，但是香筒中的香不会烧到周围的其他地方，香筒为它保留了空间透气，香味可以沿着香筒下面的一个小孔溢出。

这种香筒实际上历史不太长，柱香本身历史就偏晚，尤其出现长柱香就更晚。因此，这类东西，一般年份上都不会超过清朝。到了清晚期，尤其民国初年，这种东西特别流行。

这件香筒就是清代晚期的，象牙纹很清楚。

这类象牙制品雕刻得这么细，今天保存起来非常麻烦，所以要特别谨慎。北方干燥，有时候会将象牙制品放入盒内，也许几年以后就会粉碎。

古玩四

清乾隆　霁蓝描金花卉滕王阁六方瓶

这是个六方瓶，从造型角度上看，乾隆一朝非常流行这种六方瓶。六方瓶有两类，一类是正六方，六个面是一样的；一类是扁六方，粗看是个扁瓶，细看两边多两个面。

霁蓝描金的瓷器在清代康熙、雍正、乾隆时期比较流行，最流行的时候就是乾隆时期。当时制作了很多霁蓝描金，直到清嘉庆以后才迅速减少。

这件瓷器的画片也是当时流行的画片，画的是滕王阁，文字写的是《滕王阁序》，表明了乾隆时期对唐文化的崇尚。

它保存完好，没有受到损害，底部用的是乾隆时期典型的瓷土，它做得不够细致，颜色也较暗。康熙和雍正时期的瓷器都称为宝石蓝，非常漂亮，到乾隆时期颜色逐渐灰暗下来，尤其是乾隆后期。这件六方瓶就是乾隆时期的，颜色比较灰暗，这种灰也恰恰是这个时代的特点。它的画工很好，虽然花卉上的金漆已经脱落，但画工依旧很娴熟，侧光欣赏的时候十分漂亮。

这就是清代乾隆后期的瓷器，距今有200多年的历史了。

别样雅趣话俗字

今天所说的俗字，实际上是一种通俗的字。今天的简化字大部分都属于俗字，后来被官方确认流行起来，但是有很多字，虽然现在依旧在使用，却没有纳入到正式的字典里。比如生活中，有人经常在写宣传的“宣”字时，仅仅写一个宝盖头，然后划一横，这个字可以称为俗字。还比如“慢”字，有人写成一个竖心旁，加一个“万”字。过去在副食店里，写斤两的时候，“两”字就写成“那”字去掉耳刀旁所剩的左半边。这些都属于俗字。

今天的简化字中，大部分都是由俗字演变的，比如“头”，也可以是一个草写的俗字，这是因为俗字更通俗，方便应用，因此逐渐就将写得复杂的字替代了，慢慢地，这些字被全社会接受，纳入到了正式的字

清乾隆　茶叶末釉尊
高 13.5 厘米　观复博物馆藏

典中，变成了一个正字。

俗字是与正字相对应的，它并不是正字的错别字，而是故意为之。比如在书写的过程中，为了快速写字，经常会省去一些笔画，这并非笔误，而是书写者故意这么做的。比如“宣”字，如果少写五笔，写成宝盖头下面一横，再加上一个“传”，虽然能看懂这是个“宣”字，但在今天却不被纳入正式的字典里，这个字在今天也是一个俗字。错别字是书写者主观上不想写，俗字则是故意为之，它源于人们的世俗生活。

这是一个茶叶末釉尊，它涉及一个字——“茶”。很多茶叶末釉的颜色是比这件瓷器更黄的，有人也将这种颜色叫作蟹甲青，与螃蟹壳的颜色很相近。

“茶”字在历史上就是个俗字，最早不叫茶，有很多名字。茶是今天老百姓都在使用的字，非常通行，其他历史上的雅字或正字，就逐渐少用了，生活中即便用它们，也是范围很小的。

这件茶叶末釉的小尊是乾隆时期的。雍正时期创烧的茶叶末釉是颜色最漂亮的，乾隆早期的也非常漂亮。这件瓷器就是乾隆早期的，带有很多雍正时期的特征。第一，它的造型很简单，只有一个曲线，但十分饱满，器形不大，但很耐看。第二，茶叶末釉颜色的表达，是由深绿到黄绿，中间有很多过渡的颜色，这是众多过渡色中的一种，这种颜色比常见的鳝鱼黄色略显青。茶叶末釉是一种高温釉，它所反映的颜色并不是每个人都喜欢的。

通常人们最喜欢的颜色，都是比较俗的颜色，比如红、黄、绿，这些颜色容易取悦于人，但茶叶末这种比较收敛的颜色，在雍正时期由唐英创烧出来以后，并不符合多数的人的审美，很多人看这个颜色觉得陈旧，不漂亮。但经过长时期的美学训练，人们就能够认识到这种美，与那些鲜艳的颜色比较，它有一种收敛美。

这件茶叶末釉瓷器在乾隆早期的同类作品中，是非常精美的。它是一件官窑作品，它的款识和造型都是清代雍正乾隆时期非常流行的。

清雍正　茶叶末釉花口兽耳长颈瓶
高 34 厘米　英国维多利亚和阿尔伯特博物馆藏

清雍正　茶叶末釉盘螭龙尊
高 34 厘米　英国维多利亚和阿尔伯特博物馆藏

清乾隆　茶叶末釉长颈瓶
高 16.5 厘米　英国维多利亚和阿尔伯特博物馆藏

清雍正　茶叶末釉鹦鹉耳高足扁瓶
高 23.5 厘米
英国维多利亚和阿尔伯特博物馆藏

清乾隆　茶叶末釉荸荠瓶
高 33.3 厘米　英国维多利亚和阿尔伯特博物馆藏

清光绪　蓝料矾红彩囍字字纹碗
口径 21 厘米　观复博物馆藏

这是一个碗，碗上是很俗的一个“囍”字，但也是中国人最喜欢的一个字。中国人都认识这个字，但字典上没有它。这就是典型的俗字，叫“双喜字”。

中国字通常一字一音，没有一个字发两个音的，曾经引用了一些外来字，如瓩（qiānwǎ）、浬（hǎilǐ），现在都被废除了。

中国字的特点就是一字一音，每个字只有一个音，不拐弯。这个字读“双喜”，而不是“喜”。中国人讲究成双成对，“囍”大概是在乾隆后期出现的，嘉庆、道光年间开始比较流行，在早期的瓷器上见不到“囍”字，如果瓷器上有“囍”字，那一定是清中期以后的器物。到了清末，“囍”字就变得非常流行。

这是一个光绪年间的官窑碗，写上“囍”字，一定是有喜事临门，整个碗都用囍字作为装饰，变成图案。今天一般都是结婚时，洞房里用剪纸剪一个“囍”字贴上，有很好的寓意。

今天提到“双喜”，一定是结婚。而古代的“双喜临门”，有时候不一定就是结婚，有些人可能同时有两个喜事，比如中了举，又喜得贵子，就是双喜临门，可以在门上贴“囍”字，并没有今天对“双喜”的理解那么狭隘。“囍”字在今天依旧不能算一个字，它不是正规字，无法进入字典，却与人们生活息息相关，其字形的图案，是一个吉祥字。

学习这些特别的汉字，有很多乐趣，这是中国人独有的乐趣。这种乐趣，不仅有作文的乐趣，还有语言表达的乐趣。所有的乐趣，构成了汉民族文化的乐趣，这个乐趣的基因就是中国汉字。

1.“息妇”的这两个字分别是什么意思？

马未都评：“息”字的本意是指儿女，书上有时候写“息子”，和“子息”是同一个意思，都是指儿女。

妇是指儿子娶来的媳妇，所以“息妇”本意是指“儿子的媳妇”，也就是儿媳妇。现在的“媳妇”有两个含义，一个是晚辈的妻子，一个是妻子。

“古人称子为息，息妇者，子妇也。”这是清代俞樾先生在《茶香室续钞·媳》中记载的。俞樾先生，又称俞曲园，是俞平伯的曾祖父。今天把“媳妇”这两个字俗化了，之所以都变成女字旁，是因为在汉字的进程当中，很多有关联的古字都使用相同的偏旁，比如椅子的椅，本身是单立人旁的，是倚靠的意思，但到了宋代，人们觉得椅子大都是木头做的，所以就改成木字边。“桌”最早是高起来的意思，是卓越的卓，底下是个“十”字，但因为它与木头有关，底下就改成木字了。这些都是俗化的表现，也是历史的演变。

“媳妇”本来的意思是指“儿媳妇”，但是今天的语言比较混乱，很多人说“媳妇”的时候，指的是自己的老婆，理解成同辈，这就是在语言进化中的一个模糊阶段。今天的语言中，对“媳妇”这个词是有歧义的，因此如果在书中出现，就要根据上下文来理解，如果在生活中出现，就要理解当时的语境。“媳妇”这两个字，也慢慢地演变成了俗字。

2.观字的四种写法中，哪一种是隶书？

观字的四种写法

马未都评：汉字书写的方法很多，有各种字体，如篆体字、楷体字、隶体字等，书写的方式是不一样的。尽管今天都采取同一种书写方式，但历史上却是不同的。

第一个“观”是篆书，也就是小篆，也叫秦篆，是秦始皇统一文字时，由李斯创造的书写方式。这种书写方式比大篆的书写速度加快了。第二个“观”是隶书，隶书书写速度比篆书更快。隶书也叫左书，也就是由隶人写的左书，“隶”是指奴隶，相传隶书是程邈在监狱中创造出来的，左书中“左”的意思是辅佐。由于秦汉以后社会发展得更快，公文出现数量多，所以要求写字速度更快。

这种隶书之后又变化了，成为楷书，越写越快。草书的书写速度最快，但是草书也有问题，辨识困难，如果字写得太草，人们就不认识了，而在信息传达过程中，准确是第一位的，因此要求字写得规矩，容易辨识。

日常生活中，人们通常写字行书居多，既提高了速度，又容易辨识。比如第三个“观”字，实际上是金文。金文与大篆之间有广义与狭义之分。书写力度很大，有刀刻的感觉，金文通常是写在青铜器上的，受甲骨文的影响，甲骨文是刀刻的，所以金文一直保留了刀刻的痕迹，折弯处都比较硬。

“观”字的篆书，用笔力道就变得很均衡，转折也十分柔软，小篆在秦代后，迅速被隶书替代了，没有风行起来，乾嘉学派和金石学的兴起，使很多书法家开始写篆书。清代的书法家让篆书再放异彩。

小篆十分圆润，隶书蚕头燕尾，字比较舒展，是横向舒展，与隶书相比，篆书通常是瘦长的。宋体字是印刷使用的，文件中通常使用宋体字，非常周正。

中国汉字是朝着便于书写的方向演进的，而文字最早创作出来的时候，并没有考虑这个因素。早期的文字基本上都是刻的，比如甲骨文和金文，不讲究书写的便利性。在文字的进程中，书写是非常重要的信息系统，没有文字的生活是无法想象的，不能进行跨时空沟通。文字的出现，一定要朝书写便利的方向发展，所以才依次出现甲骨文、金文、大篆、小篆、隶书、楷书。中国字的整个的演变的过程就是书法的演变过程，是一个向通俗便利的方向发展的过程，这也是俗字的演变过程，使文字更加方便、世俗。

3.茗、醪分别是指什么？

马未都评：生活中流行用俗字，但在古代不是这样。茗就是茶，今天很少说茗，都说茶、茶叶，偶尔说品茗，这是一种茶的雅称。醪就是酒，本意是浑酒，酒中有米。因此茗、醪，就是茶和酒的另一种比较雅的说法。

酒和茶的说法在今天的生活中非常常用，但古代人很文雅，会用很多词来替代这两个字。茶的雅称有茗、金饼、月团、嘉木、香乳、甘露、清人树、凌霄芽等。其中“嘉木”出自陆羽的《茶经》，“南方有嘉木”。

关于酒的雅称，有“春”，比如“玉壶买春”。“绿蚁”是酿酒后浮在酒面上的沫子，如同爬动的蚂蚁。“琼浆”在今天依旧是酒的称呼。“醍”，是较清的浅红色酒。“黄封”指的也是酒，是封存的黄酒。“杯中物”，也就是杯中酒，今天依旧在用。“忘忧物”是喝了酒后一醉解千愁。中国古籍上酒的雅称，至少有几百种，都是古代文人创造的，有些是少部分人能明白的。

茶和酒是中国人生活中非常重要的两种饮料。茶叶从汉代就开始应用，到唐代非常普及，有陆羽的《茶经》为证。

唐宋元三朝使饮茶习惯改变了 3 次，一直到今天定型。中国人饮用茶的历史非常长，茶叶对中国的民族文化影响很深，欧洲人是从 17 世纪以后才跟着中国人学会饮茶的，他们饮茶的历史非常短。

中国酒的历史更加久远，商代就有肉林酒池了。酒是一柄双刃剑，有好处也有坏处，这也是因人而异的。李白喝酒后能够作出流传千古的诗歌，而有些人则喝醉了开车，违反交通规则，锒铛入狱。

这是观复博物馆的白釉褐彩的诗文梅瓶。上面写着“武陵城里崔家酒，天上应无地下有”，这是一个古代的广告词。

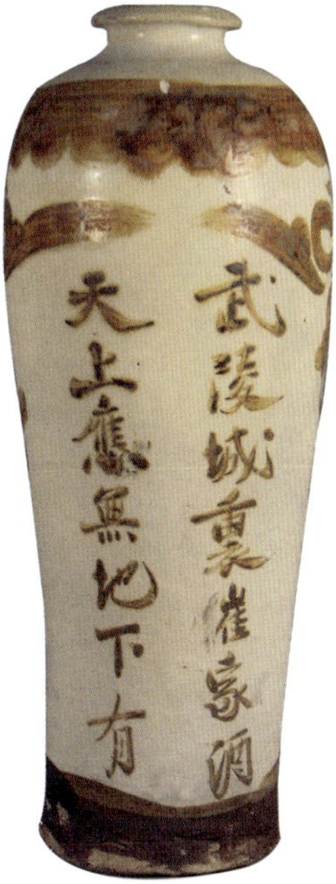

金代　白釉褐彩诗文梅瓶
高 38.5 厘米　观复博物馆藏

金代　茶叶末釉“酒国长春”四系壶
高 23.5 厘米　观复博物馆藏

这是一个金代的茶叶末釉酒瓶子，写着“酒国长春”，采用了十字读法，先竖着读，再横着读。

北宋　磁州窑白釉诗文腰圆形枕
长 23 厘米　观复博物馆藏

这是磁州窑的瓷枕，上面写着，“去愁除事酒，破梦直须茶”，酒和茶都在一个宋代的瓷枕上出现了，字写得也非常漂亮。

古玩门诊

古玩一

明代 “一色高酒”磁州窑酒坛

这是一个酒坛子，瓶口处有“一色高酒”的文字，高酒就是好酒，“一色高酒”就是一色好酒。这个坛子是用来装酒的，在古代喝过酒后，将坛子保留下来了。

这种酒坛子曾经有一段时间生产了很多。这种坛子不是用来装白酒的，而是用来装黄酒的，在北方，尤其山西、河北地区非常多。这类坛子还有更大尺寸的，大概烧制于明代末年到清代初年时期。磁州窑在宋金时期非常流行，到了元代，生产力也非常强，只是到了明清以后，生产就变得非常弱了。

这种酒坛子严格意义上讲，没有更多的艺术追求，画得很随意，有几枝草，肩上画着一溜流水似的花纹。这酒坛子上的字写得还不错，

“高”“色”两个字写得都非常饱满。“一色高酒”在当时算是广告语，用来宣传好酒。这个酒坛子距今有400年左右了，十多年前曾经在北京潘家园地摊上出现过很多。一些外国人会买大号的这种酒坛，放在门口用来插雨伞，也是一个装饰品。

古玩二

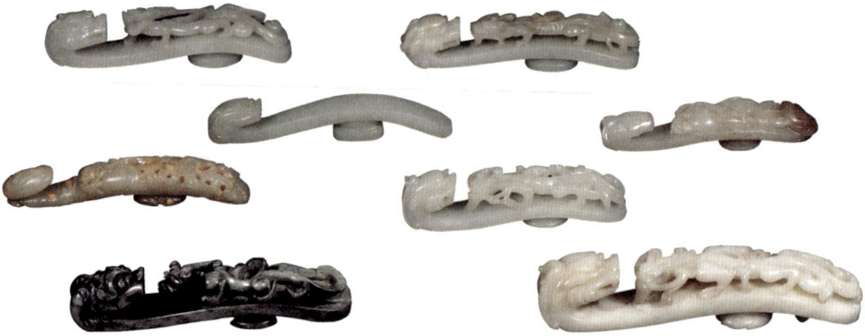

明代　玉带钩一组（8个）

这是8个带钩，都是最常见的，其中唯一一件不同的，是在后面有一个可以穿绦带的襻。这些玉带钩有的是镂空的，很有立体感，上面的小龙支起来，也叫螭龙，一条大龙带着一条小龙学习飞翔，在古代俗称叫“教子升天”。

这8个玉带钩里，有6个是“教子升天”，其中凡是镂空的立体的，都是在明代后期比较流行的，而这些没有镂空的，内容也不同，不再是龙，而是寿桃，这种带钩年份不确定，但一般来说比镂空的带钩年份偏早一点。

带钩的时代下限截至明代，清代虽然有人做摹古，但是一般不会制作很多。第一，带钩使用的玉料很大；第二，玉带钩存世量很大，即使在今天，也并不难得。

这些带钩中有几件比较特殊，带钩头是个灵芝，上面还有蝙蝠，这种带钩相对来说，年份偏早。而这种素面的带钩，在当时还是有实用功能的，可以系住绦带，勾住衣服。

带钩从商代起就可以见其雏形，周代和战国，都非常流行。带钩是古代服饰中等级的一个表现，所以流传到今天的很多漂亮的带钩，有镶嵌的，有错金银的，有各种复杂工艺的，以及琉璃的。琉璃的带钩一般不实用，因为琉璃比较脆，容易损坏。到了明代，玉带钩多起来，这组带钩就是那一时期的。这样一组对比起来十分有趣，可以看出带钩中的差异，比如它们的龙头都是不一样的，有的做得比较饱满。从玉质上看，有一些十分洁白温润，有一些白而不润，还有的使用了地方玉，整体很不错。

古玩三

金元时期　耀州窑玉壶春瓶

这是两个玉壶春瓶，在古代是用来打酒的，所谓的“玉壶买春”，指的就是买酒。这两个酒瓶从器型上看，很适合握在手中，无论是打酒、倒酒，还是饮酒，都十分方便。

玉壶春的造型自唐代有雏形，到宋、金、元时期非常流行，一直影响到后世。明清以后的玉壶春瓶，基本上都作为陈设器，而不再作为酒瓶，仅用于欣赏，可见古人将简单的饮酒都变得很雅致。

这两个瓶子都很漂亮，可以去插花，能够感受到酒具带来的乐趣。这件瓶子装饰的方法比较简单，刻有弦纹。弦纹的制作很简单，在瓶子成形后，用竹签子，在转轮上的瓷器上碰一下，旋转后就会出现一道纹，由此增加瓶子的美感。进行这种装饰，虽然很简单，却能够给人提供一种微妙的内心感受，从而感染人们。如果在金元时期的一个酒铺里，摆着很多酒瓶子，每瓶酒都是一样的，只有这件瓶子带弦纹，其他都是素黑的瓶子，人们通常会选择有弦纹的，这种纹使瓶子生动起来，虽然不重要，但是带来一种微妙的美感。

这两个瓶子虽然不一样，但是年份差不多。一个表面亮釉，一个不亮，这与其烧造温度有关。温度高，瓷器表面就会亮一些；温度低，就会乌一些。因此它们可能不出自同一个窑口。

这两个瓶子的产地可能是山西地区。山西地区的耀州窑瓷器到了金以后，就开始衰退，山西窑口非常多，并且纷杂，大部分窑口都可以烧黑釉。这两件瓶子在近些年有很多是出自山西的，它们的年份是金元时期，距今七八百年，其表面的涩与滑与其工艺有关，因为它们毕竟不是官窑，没有要求质量很高。这只是当时很普通的包装用的酒瓶子，并不追求尽善尽美，只追求一种感受，大部分是喝完酒就被丢弃了。

古玩四

明万历　朝天耳斗彩香炉

这是一个香炉，表面画了三个老头。铜炉在明代的时候有很多，清代更多。一般经济繁荣的时候，人们流行铸造铜炉，因为有钱，铜炉是钱的象征。瓷炉烧造的也很多，从唐代以后，宋元明清历朝都在烧造。

香炉有很多造型，这种冲天耳的瓷炉并不多见，从瓷器的角度说，很容易被损坏，因此瓷炉一般都烧成圆形的，而不是带这种朝天耳的。清代大冲天耳的香炉，一般都是单烧两个耳插进去的。

这件东西从造型上看，并不是简单的圆形炉，而是呈三菱状，造型很讲究。画法上使用的是斗彩。明代时期，这种画法也归入五彩中。中国人认为，凡是带彩的瓷器都是五彩，但是到了清朝以后，清朝人将彩瓷分得很清楚，五彩、斗彩、珐琅彩、粉彩都进行区分。五彩中也分为青花五彩和纯五彩。按照清朝人的划分，这件香炉属于斗彩而不属于五彩，其颜色是青花勾线，再向其中添彩，所以斗彩又称为填彩。

斗彩在明朝成化年间做得比较多，其他朝代都不多，到了万历年间就更少了。万历年间的主流彩瓷都是五彩的，斗彩少之又少，比例百不足一，也就是说，在一百件瓷器里，也没有一件是斗彩的。

这件香炉的款识写得很清晰，“大明万历年制”，从其制式、彩瓷的应用，以及款识的写法，都能够断定，这是明代的万历年间的官窑，但是它又不够精细，这也是万历年间的特点，而非后世摹制的。瓷器边沿上的残缺是烧造时留下的缺陷，因为当初上面有粉，因此釉面慢慢就剥落了，而非后期受损。

明朝中期和前期的瓷器都做得比较精致，到后期，国力衰竭，尤其在嘉靖、万历时期，瓷器的质量明显的不如前期和中期，但形成了一种粗犷的风格，这种风格有很多文人喜欢，日本人也喜欢。日本很多瓷器过于精致，因此日本人反而向往粗犷一些的风格。即使在今天，也并不要求人们审美一致。明朝这个时期的瓷器，追求的也是粗犷的风格，而后世人的收藏也欣赏这种风格，这是那一时期独有的，并不多见。

古玩五

清乾隆　粉彩折枝花卉盘

这是一个粉彩的盘子，非常漂亮，画的是芙蓉花，有白色的、粉色的、紫色的，画法细致入微，背后画了一些竹子，是用金粉画的。这盘子粗看很洋气，这是因为它金色花边的画法不是中国的传统图案，而是受西洋文化的影响。

这是当年的一个外销盘子，在欧洲是非常贵重的艺术品，今天的中国人花很多钱买国外的东西，而古代的欧洲人却花更多的钱买中国的瓷器。这个盘子上面绘的都是真金，富丽堂皇，其画工也是当时最好的工艺。尽管盘子上有一些磕碰，但所画的折枝花卉非常美丽，表达了一种美好的追求和期盼。

这个盘子的年份大约是乾隆早期，距今250年以上了。250年前中国的先人有如此的心境、工艺、审美，而今天很多东西都非常俗气，一点也不雅致。这件盘子虽然使用了很多的颜色，十分热烈，却一点都不俗，美与俗之间有时候就差一步，这一步古人跨得非常好，今人不是大了，就是小了。

图书在版编目（CIP）数据

醉文明：收藏马未都. 8 / 马未都著. —北京：中信出版社，2017.3（2024.9重印）
ISBN 978-7-5086-6768-3

I. ①醉… II. ①马… III. ①收藏－基本知识 IV. ①G262

中国版本图书馆CIP数据核字（2016）第235545号

醉文明：收藏马未都. 8

著　　者：马未都
策划推广：中信出版社
出版发行：中信出版集团股份有限公司
（北京市朝阳区东三环北路27号嘉铭中心　邮编　100020）
承 印 者：北京盛通印刷股份有限公司

开　　本：880mm×1230mm　1/32　　印　　张：10.25　　字　　数：173千字
版　　次：2017年3月第1版　　印　　次：2024年9月第6次印刷
书　　号：ISBN 978-7-5086-6768-3
定　　价：58.00元

服务热线：400-600-8099
投稿邮箱：author@citicpub.com